BARRIO BRAVO

ROBERTO MELÉNDEZ

BARRIO BRAVO

¿Por qué amamos la pelota?

SUDAMERICANA

Barrio Bravo
Primera edición: junio de 2017
Octava edición: septiembre de 2018

© 2017, Roberto Meléndez
© 2017, Penguin Random House Grupo Editorial, S.A.
Merced 280, piso 6, Santiago de Chile
Teléfono: 22782 8200
www.megustaleer.cl

Printed in Chile - Impreso en Chile

ISBN: 978-956-262-494-7
Registro de Propiedad Intelectual: A-277295

Diseño de portada: Amalia Ruiz Jeria
Ilustración de portada: Andrés Oliva
Diagramación y composición: Alexei Alikin

Edición de 1.500 ejemplares
Impreso en Gráfhika Impresores Ltda.
Santo Domingo 1848, Santiago - Chile

Penguin
Random House
Grupo Editorial

PRÓLOGO

¿Por qué amamos la pelota? En mi caso lo he pensado muchas veces, pues parto de esa certeza: amo este juego desde todos sus contornos, también los más oscuros, si no esto solo se trataría de un relamido ejercicio paradigmático y no de tierra y piel humana. Perfectible, por supuesto; mundano, sin dudas. El fútbol, popularmente expandido, brinda un lenguaje culturalmente expresivo, cuyo reflejo es el mismo día a día a través de sus personajes, canchas, dilemas y diálogos. *Barrio Bravo* comenzó como un humilde espacio de internet en el que decidí explorar las distintas experiencias y facetas que se viven a través y alrededor de la *redonda*. Un partido desmenuzado desde una aparente jugada secundaria; el camino de un jugador en la cancha, y más allá de la cancha; los cuentos del pasaje que tienen tanto de verdad como de fantasía; mis propios recuerdos, que ya no sé si son propios, pero sin duda me otorgan un origen. Ha sido una ruta esforzada, aunque plenamente satisfactoria. El inicio, hace dos años atrás, fue con noventa amigos como espalda de un proyecto entusiasta aunque poco claro; hoy llenamos todos los estadios del mundo y lo claro es que sí existe un para adelante.

Este libro nace del deseo de pasear junto a una pelota por diferentes escenarios que alguna vez fueron y otros que tal vez no; jugadores inmortales, como Totti, Pelé, Salas, y Elías Figueroa, y otros tal vez no tanto, pero aun cuando anónimos, llenos de pasión; la industria misma y el barrio mismo; el fútbol, la letra y la calle…, la realidad y la ficción como una misma cosa.

Fantaseemos un rato, pues, probablemente, aquello sea lo más real del fútbol.

PRIMERA PARTE

El jugador que no quiso dejar de serlo

Es una juerga más. Tiene ganas de mear. El baño maloliente del bar suburbial no brinda tregua, así que sale del local a buscar una esquina con la cerveza en la mano. Siente el alivio, también el agradable paso del viento por debajo de las bolas. Inhala, pletórico y reconfortado, evacua al aire libre y deja el nombre en una pared gastada. Tararea una canción de Arctic Monkeys, esos que fueron sus vecinos en Sheffield y que desde hace poco la revientan en las radios británicas. Al día siguiente no hay partido, el entrenamiento es por la tarde y hace dos minutos ha decidido que no irá a trabajar a la fábrica.

La fría cerveza está magnética, al igual que esa pelirroja escocesa que hace pocos minutos le mostró el tatuaje que lleva detrás de la oreja derecha. Sonríe, satisfecho de aquello que le espera, conforme con una decisión que le es propia, pues va de rebelde, y es así como encaja y engrana su conciencia; así mide su propia idea de respeto, algo que en algún momento perdió, y que ahora, a punta de peleas, amores fugaces y decisiones contra la corriente, cree haber recobrado.

La noche parece no tener temperatura y el cielo fue secuestrado por la neblina. Enciende un cigarro y, una vez más, aparece ese maldito recuerdo de hace cuatro años, cuando con veinte centímetros menos y un millón más de ilusiones, fue desechado por el equipo de sus amores y donde hizo todas las inferiores. Desde aquel día en que salió corriendo de las instalaciones del Sheffield Wednesday —con los ojos cerrados y las lágrimas bañándole el rostro— su vida ha sido así: interminable y angustiantemente inmediata. Porque alguna vez soñó con hacer eterno su nombre, pero eso parece que fue hace tanto…

Se termina de un buen sorbo el resto de chela que le queda y emprende el regreso al bar. De pronto, poco antes de llegar, alguien es arrojado desde adentro de manera brutal: es «El Sordo». Un amigo suyo que efectivamente es sordo. Detrás del Sordo, cayendo, aparecen dos sujetos que lo embisten en el suelo, dándole patadas. Atónito, observando la escena, sin entender nada, cierra el puño con los nudillos encostrados; mira para todos lados, no aparece nadie al rescate, solo la pelirroja que grita por ayuda. Sin pensarlo se arroja de pique al área y clava dos voleas, una en el culo, otra en la espalda. Mientras El Sordo tiene la boca rota y se retuerce en el suelo, el delantero comienza a mostrar la testosterona acumulada, además de toda la actividad pendenciera sumada en el frustrante paso de los días. Y los golpea duro, aun siendo más flaco que ellos, como si nada importara, como si la calle y la mocha fuesen su real origen. Es cierto que recibe y ya tiene la nariz quebrada, pero mucho menos que el par de matones reducidos a nada por ese muchacho que descarga la mierda, sin pausas, sin miedo. Ya con el par de sujetos caídos, los escupe y les saca las billeteras, como castigo y porque quiere más cervezas. Al acto llega la policía.

Tiene veinte años y es condenado a usar un brazalete electrónico, cumplir un toque de queda que lo obliga a estar en su hogar siempre antes de las 18.30 horas, y no moverse en un radio superior a ochenta kilómetros. El mazazo para el joven futbolista es fuertísimo. El escándalo no consta en ningún medio, claro, a nadie le importa lo que haga el delantero del Stocksbridge de la séptima división inglesa. Aun así, su carrera parece estar arruinada, su vida en el fango, la pelirroja ya desapareció. El club planea caducarle el contrato que consta de un salario de cuarenta euros por partido. Pese a ser el goleador y quizás quien cuenta con mayor proyección en la plantilla, los problemas no son una novedad y lo tienen con pie y medio fuera de la institución. Reconoce el pánico, tiene miedo. Él asegura que el fútbol es todo lo que ama y lo único que hace bien. Promete cambiar, pero principalmente, bajo la angustia, promete lo mejor que conoce: goles.

Es jueves, un jueves cualquiera. Son las 17.30 horas y el partido va 1-1. Debe irse, si no la cosa se le puede poner peluda. Viene la modificación, pero pide un minuto más. Van sesenta y quiere una chance, sabe que la defensa rival ya está agotada y se siente rápido, porque lo es. Su madre ya tiene el auto encendido y le toca la bocina. No la toma en cuenta y se planta en medio del campo, rechazando los bocinazos y la inminente modificación. El técnico lo llena de garabatos, aunque interiormente lo conoce y sabe que quizás pueda pasar algo. Aguanta el cambio una jugada más. Un melón con vino para adelante, un pelotazo sin gran calidad pero lleno de intención; y corre, sin dejar de acelerar, nunca deja de acelerar; alcanza el balón, tiene el arco en la mente y planta el bombazo a treinta metros: GOLAZO. No hay tiempo para festejar, sigue corriendo, salta la reja que limita pequeño el estadio con la calle y sube al auto.

—Por poquito —le dice a su vieja, mientras ella sin mirarlo, pone primera.

Deslenguado, frívolo y temperamental, fruto del ácido paseo de una experiencia tosca y acontecida, de la que tuvo que salir airoso a punta de puñetes, transformándose en un conchasumadre, porque quizás así valía la pena, porque quizás así igualaba, un tanto, a la puta vida seca. De la boca para afuera y las palabras que llenan el elogio de la virtud, pero cada quien clama cómo sobrevivir. Al final de cuentas, lo importante es hacerlo.

Pero en ese adusto rostro pálido, lleno de escepticismo, habitaba algo más que solo revancha, porque estaba enamorado de jugar y, en esa pasión, buscó una conquista. Cada segundo lo hacía más improbable, pero cada gol alimentaba una tierna esperanza. Y la abrazó con fuerza. Infantilmente no dejó de soñar, añadiendo a eso el carácter que le dio la oscuridad para no intimidarse por el paso del tiempo ni por el eslogan de lo probable.

No paró de hacer goles, le sacaron el brazalete y siguió haciendo goles, pasando al Fleetwood Town de la quinta división. Hizo treinta y un pepas en treinta y seis partidos, y llevó a su escuadra a un inesperado ascenso. Con los papeles manchados —y ya con veinticuatro años a cuestas— parecía que debía ganarse los morlacos en la sombra del profesionalismo, sin embargo, su irrupción era real. No era solo un jugador rápido que hacía goles, también entendía el juego, podía recostarse por las bandas o descender y asociarse. Por supuesto, ágil y astuto en el área.

En definitiva, un delantero lleno de condiciones. Así lo vio el Leicester, un equipo que militaba en segunda y que no dudó en pagar dos millones de dólares por él, el precio más alto pagado jamás por un jugador venido del mundo amateur.

Pasó el tiempo. Al principio la adaptación al ritmo y la presión fueron difíciles, pero nada imposible para quien venía del infierno. Fue determinante en el ascenso de su equipo a primera y, en la temporada 2015-2016, se convirtió en el goleador de la Premier League. Misma temporada en que el humilde Leicester, con su goleador a la cabeza, hizo de la realidad un poco de fantasía y dejó a los grandes clubes de la isla como Chelsea, Arsenal o Manchester United mirando desde abajo.

Con veintinueve años, aquel desconocido que peleaba afuera de los bares transformó su nombre en referencia planetaria; qué importaba que haya tardado, si finalmente llegó escribiendo su huella al vaivén inolvidable de la calle. Su nombre: Jamie Vardy.

Curiosidades del destino: la única vez que Leicester estuvo cerca de ser campeón había sido en 1929, año en que el Sheffield Wednesday lograra la consagración. Sería un hincha y jugador descartado de ese equipo quien comandó algo insospechado y extraordinario. Como el vuelco en la vida de Vardy, ese jugador que no quiso dejar de serlo, aunque tuviera un brazalete condenatorio en el pie.

El Sordo cuando va al estadio se sienta en primera fila, la pelirroja lo ve por la tele, Vardy se mira al espejo y, ahora sí, encuentra el respeto que buscaba.

El milagro de Estambul

La crisis financiera en mi familia se instaló con su agresividad natural, la mensualidad universitaria se volvió inviable y mis días de mimado se acabaron de un plumazo. Lo intenté como mesero pero mi pulso me invitó a renunciar tras una jornada de tres platos rotos y varias puteadas en tono urbano. Mandé mi currículum anoréxico a distintas partes, por supuesto rebotando como limonada tibia. Picando cero, no me quedó otra que dirigirme al clásico «pituto», el método nacional por excelencia. Fue así como terminé de asistente de ventas de un proyecto inmobiliario en unos edificios de la comuna de San Miguel.

Sin nada de experiencia y con apenas veinte años, era yo quien intentaba convencer a clientes recelosos que en esos sesenta metros cuadrados debían sellar el negocio de sus vidas, la soñada casa propia y el futuro de su prole. Y a pesar de que «Dino», el sabueso experto que increíblemente cerraba todos los tratos, me dio la mágica receta «de las terminaciones», mis números estaban en rojo y la patada en la raja ya la estaba sintiendo hace semanas. Cada día era más difícil levantarse, en la universidad estaba definitivamente en la rama, y vender algo que no me convencía efectivamente me superaba; sí, para ser vendedor hay que tener una retórica especial y el estómago duro.

Tocaba una nueva jornada laboral y caminé al metro con la obvia alegría de saber que estaría lleno, me puse los audífonos y, junto a «I feel fine» de The Beatles, traté de hacerme el gil. Me subí al vagón sintiendo el aroma propio de felicidad que suelen tener y abrí el cuerpo de Deportes del diario que le había robado al vecino desde su choapino. Como es habitual, no había nada muy interesante, pero sí una información que valoraré por el resto de mi vida: ese día se jugaba la final de la Champions League entre el gigante AC Milán y el histórico Liverpool. Y a mí que me gusta eso de las señales del destino, el hecho de que el cuarteto leyenda del puerto inglés estuviera en mis oídos determinó mi convicción; me bajé del metro, adiós pega, viva el fútbol.

El ambiente en Estambul derretía los fríos tópicos europeos; setenta mil fanáticos multiplicando la energía del tiempo, transmitiendo electricidad. Los forofos italianos aparecían expectantes y seguros de estar cerca del séptimo dominio europeo, y no se trataba de arrogancia, más bien se sustentaba en un equipo acostumbrado a ganar, con un portero en forma (Dida), una sólida defensa (Cafú, Nesta, Stam, Maldini), el mejor mediocampo del mundo (Gatusso, Pirlo, Seedorf, Kaká) y dos «9» de época (Shevchenko y Crespo). Su director técnico, Carlo Ancelotti, no se restó favoritismo, y su propietario, el viejo verde de Silvio Berlusconi, ya había llenado de bailarinas su mansión. A pesar de ello, el local ese día en el estadio Olímpico de Atatürk era el otro equipo, Liverpool. Lo de la parcialidad inglesa conmovía, el raspado de sus gargantas agredía, envolvía y entusiasmaba. El equipo porteño del norte inglés contaba con el pedigrí del palmarés —cuatro títulos anteriores—, pero habían transcurrido veintiún años desde la última conquista importante en Europa, mientras su clásico rival inglés, Manchester United, lo ganaba todo. Sí, también existía ansiedad y presión en la escuadra que dirigía el español Rafa Benítez.

Tanta presión que al minuto de juego una falta lanzada por el pie de Pirlo encontró solo a dos metros del punto penal a Maldini, y el eterno capitán rossonero la mandó a guardar. Gol de camarín y los pronósticos rápidamente comenzaban a confirmarse. El balde de agua fría para los británicos se sintió en el semblante de los once que pisaban el campo, así como inmediatamente trastocaba el plan conservador dispuesto por Benítez. Liverpool tuvo que salir más de lo planificado, pero lo hacía simplemente empujando, mientras con espacios el cuadro italiano dominaba las acciones de riesgo y por momentos le daba un toque a su rival. Y así llegó el segundo, con un Kaká que a la carrera condujo una contra sin desesperarse, leyendo perfectamente el movimiento de la jugada, habilitando entre los centrales a Shevchenko; el ucraniano sin ser glotón, centró al medio para que Crespo decretara el silencio en los latidos del «enemigo». 2-0. Parecía sentencia mortal. Cinco minutos después, a falta de uno para el final de la primera mitad, nuevamente Kaká dictando cátedra, ahora daba un pase extraordinario de cuarenta metros para que otra vez Crespo se llevara los flashes: el argentino picó el balón de primera, suave y con clase al portero Dudek, que terminó a medio camino cuando buscaba achicarle el ángulo: 3-0. Sí, esto estaba sentenciado: con un golazo esencialmente sudamericano, el puñal se clavaba en el alma del oponente. Una final de cuarenta y cinco minutos, pensé, mientras en paralelo ojeaba mi celular que tenía muchas llamadas perdidas ante mi ausencia laboral. Qué cagada.

Rafa Benítez trató de morder el ego de sus futbolistas, garabateó, reordenó sus piezas, quiso hacer hervir la sangre de sus jugadores en medio de un ánimo abatido y carente de respuestas. Desde el otro lado, Ancelotti pedía tranquilidad, solo quedaban cuarenta y cinco minutos para levantar una nueva «orejona».

El fútbol es un juego técnico, pero también es profundamente espiritual, y es ese sustrato cualitativo y elocuentemente vibrante el que puede cambiar la dirección de aquello que se presume sentenciado; perseverar por un motivo, encontrar esa causa y arriesgarlo todo. Y mientras Benítez gritaba, Steven Gerrard, el emblemático capitán formado e identificado en el club, exigió con su postura un breve silencio, conectando una simbiosis de pasión: desde las gradas invadía en el camarín un cántico apasionado, fuera de contexto, indistinto al resultado, redoblando en estos tiempos livianos esa anormalidad llamada compromiso. El hincha de Liverpool se sacudió de la mierda sin abandonar y fue ese romanticismo perdido el que reenganchó el brío y la vergüenza: *«You'll never walk alone»* (nunca caminarás solo), y que fuese lo que fuese. Y fue.

Liverpool salió totalmente concentrado al segundo tiempo, sin dejar de correr, entendiendo que se trataba de una final, abrazados en la atmósfera inigualable que sus fanáticos brindaban en Turquía. Quién otro que Gerrard ponía el primer descuento a los 54. ¿Qué cresta hacía el volante en área chica esperando el cabezazo de un centro lanzado lateralmente desde tres cuartos? De eso se trata sorprender y comprender que este juego se gana muchas veces si se mueve al espacio, sin la pelota. Aunque en este caso fue el puro instinto de arrojarse por esa camiseta que llevaba en la sangre. Porque Gerrard no estaba de paso, vivía su historia, la de su club, la de sí mismo. Gerrard de niño llamaba a la calle lateral de su casa «calle de la felicidad», pues ahí masticaba el día al lado del balón. Esto no era un negocio, no se trataba de vanagloria, lo era todo. Y el color rojo lo defendía no solo por él y su afecto, también por su primo Jon-Paul, quien murió aplastado en Hillsborough, cuando tenía apenas diez años, e hinchaba ingenua y vivamente por la roja de Liverpool. Steven Gerrard no se iría de esa cancha sin al menos intentar devorarse la inercia del destino y aplastarlo de vuelta. Jugaría como lo hace un capitán, como un futbolista hambriento y como un amigo que no olvida.

La celebración con ánimo de remontada, de posible, terminó de encenderlo todo.

Dos minutos después, Smicer clavó un zapatazo inesperado en la red de Dida y la locura contaminaba al planeta fútbol… ¡Y queríamos volvernos locos! ¡Y qué importa la pega! Ahora la inercia variaba con la brutalidad del empuje, y terminaría provocando el penal de Gatusso sobre quién más que Gerrard, que arremetió voraz en el área. Una final es más que jugarla, había que sentirla y Steven Gerrard lo hacía. Lo increíble a doce pasos. Xabi Alonso se paró nervioso frente a la pelota, mirando a ninguna parte. Tomó breve carrera y metió el derechazo pero Dida adivinó el lado, ¡increíble, lo fallaba! Sin embargo, el aroma embriagado del capitán estaba en el aire, y Alonso persiguió el rebote, lo cazó y de zurda la mandó a la malla: 3-3. La explosión y el fútbol en aliento drogado. En seis minutos tres goles y el llanto honesto de los más fieles.

El resto fue tensión propia de una definición de este nivel; Liverpool espoleado por lo acontecido, Milán en blanco, aunque con arrebatos que dejaron lo mejor que hizo Dudek en su vida… y con la suerte necesaria para salvarse de varias, porque a veces también toca que la bonita esté soltera. Noventa minutos, luego el alargue y todo se cerró en los penales.

Milán fallaría tres veces, Liverpool convertiría tres veces. Rafa Benítez estuvo en silencio, sin mirar, acariciando una victoria única, irrepetible, junto a la música de sus hinchas, esos que siempre estuvieron y a los que Gerrard perfectamente escuchó, interpretó y jugó como uno más de ellos, y también por él, por su club, por sus recuerdos.

El trofeo lo levantaría el gran capitán en una imagen eterna, conocida hoy como «El milagro de Estambul», o el milagro de la pasión, pueden decirle como quieran. Al día siguiente me despidieron, pero ¿cómo arrepentirme después de tamaña final?

El primer ídolo

Apenas era un mocoso de cinco años, pero tenía tres cosas claras en la vida: que las papas fritas eran un alimento venido del reino de los dioses; que Lisa Hayes era mejor opción que la ingobernable Minmay para el pobre Rick Hunter en la extraordinaria Robotech; y que la pelota era la cuna, camino y entierro del resto de mis infantiles pensamientos.

Fue entonces, durante esa época, cuando descubrí otra manera de relacionarme con eso que llamaban fútbol: observándolo. Antes todo se circunscribía a jugar, apasionadamente, a toda hora, pero al detenerme y verlo se produjo el lenguaje. Ya no se trataba solamente de un portón abollado, goles a un padre-arquero displicente o la expresa solicitud inquieta, cuando el cansancio no era tema, de tener el cuerpo en movimiento: había llegado el tiempo de mi primer Mundial, Italia 90. Junto a ese gran torneo que de pronto modificaba mi noción del mundo (¿y ese Camerún dónde está?), y también del mismo juego (¿off side?), aparecieron, por supuesto, nombres que se me grabarían para siempre. Cosas del carácter, además del magnetismo de una red inflada, por sobre Maradona, Matthäus o Roger Milla, la figura que atrapó mi muy juvenil atención fue un jugador suplente, lleno de histrionismo y originario del bravo mundo siciliano: Salvatore Schillaci, Totó.

Totó respondía como un delantero secundario de la Juventus que hace solo dieciocho meses había cruzado la península desde su natural isla sureña, cuando embocaba goles, por el tránsito sin flash de las serie B y C del fútbol italiano, en el modesto Messina. Se trataba más bien de un futbolista desconocido para el gran público «tano», que no veía en este singular personaje más que una de esas extravagantes decisiones con las que los directores técnicos suelen diferenciarse del gusto popular. Sin embargo, el adiestrador Azeglio Vicini confiaba en el poco afamado atacante; su campaña precedente en la Vecchia Signora fue más que respetable, mostrándose siempre como un delantero intuitivo en el área y profundamente colaborador con el equipo. Aguantando de espaldas, corriendo al balón perdido y luchando con el barro en las mejillas, llamó la atención de Vicini quien, en definitiva, necesitaba a un futbolista poco visto, a un fantasma que destrabara defensas en algún momento de la competencia, y que estuviese fieramente al servicio de la camiseta y no de su propia fama. Salvatore Schillaci era ese hombre.

«Mamá, ¿hay papas fritas?» Siempre preguntaba lo mismo. Habitualmente venía un trágico «No» como respuesta. Fue una infancia difícil. Recuerdo, eso sí, que cuando debutó Italia, en honor a ese estreno, el plato venía con lasaña. Un milagro mundialero. Inmediatamente sentí afecto por la Azzurra. Además, ¿qué le había dado Austria a mi vida al lado de estos italianos de la lasaña? NADA. Walter Zenga en el arco y Franco Baresi comandando la defensa tenían todo bajo control, pero arriba faltaba movilidad, alguien que le sacara pimienta al viento. De pronto, la cámara enfoca a un tipo bajo, sin aspecto de ser un gran atleta, pero con los ojos inyectados de gloria: era Totó.

Los comentarios televisivos lo llamaban «la sorpresa» del plantel; para mí, que relacionaba la idea de sorpresa a algo positivo, como lo que venía dentro de una piñata, se trataba de la solución. Con los años he entendido que la palabra sorpresa, para algunos, genera temor e incertidumbre. Bendita sorpresa fue Schillaci. Ingresó y a los dos minutos se elevó como un gigante en medio de los defensas austriacos y puso el único tanto del partido. Fue increíble ver cómo ese chicoco cambiaba el escenario, la gente en el estadio mutaba las pifias por aplausos, y su rostro, lleno de locura al gritar el gol, contagiaba deseo por salir a patear piedras y clavarlas en todos los ángulos del mundo. Ese, sí, ese frenesí era el fútbol.

Perseguí toda la campaña de Schillaci y de Italia. Y así como yo, toda Italia se rindió a este nuevo héroe que dobló la indiferencia y la desconfianza, convirtiéndolas en combustible para el deseo. Totó jugaba con hambre, no se preocupaba de detalles, ni de estéticas, él avanzaba. Con los días todos sabíamos que tenía un humor particular y una personalidad extrovertida, y también que se había criado en el Cep, el barrio más oscuro de Palermo, y que al fútbol llegó tratando de construir algún sueño delante del vacío.

Para el tercer juego consiguió ser titular y convertir su segundo gol, nuevamente de cabeza, reafirmando que si un delantero tiene olfato, por más pequeño que sea, el resto lo acomoda. Pero no era un vago buscando un simple rebote, pues se recogía, se asociaba, miraba al cielo, levantaba a la hinchada…, en resumen, Schillaci era todo contagio, pasión plena por el fútbol, por su desarrollo en máxima adrenalina.

De fuera del área despachó con un bombazo a Uruguay en octavos, lo mismo con Irlanda en cuartos de final. Y también batió a Argentina en semifinales, pero finalmente la aventura de esa Italia quedaría atrapada en una noche silenciosa de Nápoles, en las manos de Goycochea. Cerró esa Copa del Mundo como tenía que ser, con un gol suyo que le dio el tercer lugar a Italia frente a Inglaterra. Fue el máximo artillero del torneo con seis tantos y, desde ahí, uno de los tipos más queridos y representativos de su país. Nunca más alcanzó ese estelar nivel, pero fue lo que vi, y de los primeros goles que grité. Él dice que no vive de la nostalgia, aunque sabe que ese fue su mes bendecido, cuando fue la sorpresa y la piñata del mundo y de mis primeros días de fútbol.

El último mito de George Best

Es 13 de octubre de 1976, Ámsterdam. Faltan pocos minutos para que comience el partido entre la poderosa selección local, comandada por Johan Cruyff, la gran estrella del fútbol mundial, y la aparentemente débil Irlanda del Norte. El partido es parte del proceso clasificatorio con miras al próximo Mundial de Argentina.

El favoritismo para la llamada «Naranja mecánica» es abrumador, en el estadio el ambiente es tranquilo; se sabe: la probabilidad del triunfo es inminente y la expectativa de fútbol espectáculo, algo cierto. Además, unos días antes el periodista tulipán, Bert Nederlof, tomó un avión a la isla para observar en vivo y en directo a la gran amenaza visitante, el Balón de Oro de 1968, George Best, y lo que vio del puntero del Fulham fue lamentable: pasado en el peso, displicente en cancha y con las mejillas coloradas de tanto copete. Tras el juego y para confirmar la obvia impresión, desarrolló un reporteo cotidiano, consultas a colegas e hinchas; ya no tuvo dudas, el ex astro del Manchester United estaba acabado. Así lo publicó en el periódico y esas líneas fueron el eco que rodeó la previa y los contornos imaginativos holandeses. No había cable, no había internet, pero la sentencia de Nederlof era la viralización en cada café y en cada pelotero naranja.

George Best recorre la cancha con ansiedad, no es que se sienta presionado o acelerado por el juego, simplemente tiene ganas de tomarse un whisky. Bromea con sus compañeros, lanzando ácidas palabras que parecen estimular la vanidad de sus huestes. Aunque tampoco creamos en el verso de que —en el fondo— practicaba un modo de liderazgo, tan solo quiere reírse un rato. Porque así es él, desfachatado, provocativo, licencioso. El héroe de este relato nunca se interesó demasiado en dar el ejemplo, por el contrario, relamía su alma apuntalando el vicio, puramente insatisfecho y orgullosamente individual. Sí, seguramente George Best llevaba las tinieblas a cuestas, pero lo pasaba bien y no pontificaba frases clisés para el aplauso del vulgo domesticado. El crack tan solo vivía y de esa forma adornaba su identidad y también pavimentaba su ocaso; sin duda lo pavimentaba, pero no pestañeaba.

Con desparpajo y kilos de más, mira a la tribuna buscando un cuello bonito y al encontrarlo chasconea su cabello con su mano izquierda mientras con la derecha la saluda. Ella ahoga el grito al comprender que el galán de la cancha está observándola, sin filtrar la llama. Para él no existe la estúpida estrategia ni los tiempos, para qué si soy George Best, piensa de manera fascinantemente honesta. Detestable confianza para el mediocre, saludable ego en este mundo de villanos.

Ojos claros, facciones finas, barba incipiente, patillas rockeras, polera afuera y aire engreído marcando el terreno. La mujer de la tercera fila ya no tiene pasado, tampoco presente, sí un solo deseo: ir la cama con el 7 de camiseta verde. Y él, maliciosamente sonriente, no recuerda qué está haciendo allá adentro, pues quiere escapar, abrir una botella y desnudarla en breve.

De pronto, un balón golpea su pie derecho y naturalmente comienza a darle con el empeine mientras avanza, nunca en línea recta. De a poco acelera y los pechos de la mujer se disipan frente al inconsciente incubado de la red, y la imagen de la entrepierna, por algunos segundos, desaparece. Su cuerpo olvida su cabeza y comienza a driblar a un compañero, luego a otro imaginario, finalmente a sí mismo, junto al viento, con la pelota atada. Su cuerpo no necesita otro cuerpo, ni tampoco un vaso de alcohol para sentirse abrigado, caliente o con expectativas: se acuerda de que es futbolista.

George Best reclama todo aquello que apetece. Generalmente lo consigue, aunque a un precio elevado, ya que para él las cosas solo suceden, luego fuertemente aterrizan. Tal vez por eso el fútbol y su frecuencia inmediata han sujetado tan bien su talento. Pero claro, no amarraron la fidelidad al compromiso y este juego podrá parecer simple, pero hay que ser serio. Best ya vive su declive. Sin embargo, la magia no se quita y menos cuando hay por delante un objetivo, de esos personales y extravagantes, que solo ciertos genios están dispuestos a buscar y cumplir.

Un poco más arriba de la mujer que en ese minuto vive una fantasía erótica, otro sujeto espera excitado el pitazo inicial. Su nombre es Bill Elliot, periodista norirlandés que acompaña a la selección visitante en la difícil expedición a la casa del subcampeón del mundo. Bill ha viajado con un viático miserable. Sabe del barrio rojo, por supuesto tiene curiosidad. No obstante, ha debido restringirse a un pobre motel lejano y a dos comidas al día, además de cargar con la mirada lastimera de todo aquel que entiende qué hace allá: en cada mirada hay un grito obvio de goleada. Aun así, Bill tiene entre manos una confesión que, de ser cierta, puede modificar no solo su panorama, sino también transformarse en un momento sublime en la historia del fútbol.

Pocas horas antes del encuentro, mientras Bill cubría los últimos movimientos del plantel en el hotel de concentración, tuvo tiempo para un cara a cara con el mismísimo George Best, quien en su mezcla habitual de amabilidad y desinterés, contestó con vista ausente las preguntas rutinarias que suelen hacer los periodistas, hasta que Bill le pidió una opinión acerca de Johan Cruyff. Sin duda, una respuesta desconcertante tratándose de Best podía ser previsible, sin embargo, el contenido de la misma fue un paso más allá. Si bien Best calificó a Cruyff como un jugador magnífico, a la insidiosa comparativa insistida por Elliot —¿es mejor que tú?—, el de Belfast respondió con superioridad:

—¿Es broma? Te diré qué haré esta noche... Encararé hacia a él, de tú a tú, y cuando lo tenga enfrente pasaré el balón entre sus piernas. Y lo haré en la primera oportunidad que tenga.

Luego, sin más palabras, se dio la media vuelta.

¿Lo hará?, ¿realmente lo hará?, se pregunta Bill, mientras se muerde las uñas junto al estruendo que irrumpe una vez que los equipos saltan a la cancha.

Best, un tipo de frases alocadas, de sello para siempre, podía haber estado simplemente jactándose de su caprichosa seguridad. Ya tiene joyas tales como: «Si yo hubiera nacido feo, nadie habría escuchado hablar de Pelé», o: «En 1969 dejé las mujeres y la bebida, pero fueron los peores veinte minutos de mi vida». George era un rebelde en serio, un bravucón atrevido con la boca tanto como en la cancha, en todas las canchas, y eso Elliot lo sabía. La mujer de la tercera fila también. Cruyff, quien lo saludó con ceremonial respeto, también.

Cinco minutos de juego, recibe George Best. El dorsal número 7 retiene la pelota, la aplasta en el pasto y con la muda vuelve hacia atrás; se saca al primer marcador que le va encima, al mismo tiempo que el segundo se estorba con el primero; el tercero es pan comido, acelera, lo deja en el camino, ya tiene cancha para avanzar; pero imprevistamente ¡quiebra hacia atrás!: ahí está Johan Cruyff. La jugada no tiene sentido, salvo para Bill, quien está secuestrado al movimiento predictivo de un arrogante; salvo para George, quien se abalanza en el delirio de la diversión y el orgullo; salvo para Johan, quien quiere robarle el esférico para luego ir con los suyos al ataque. El 14 naranja acepta el reto y va frente a Best; este último alarga la redonda un poco, como si se le escapara, pero es lo justo, lo mínimo, el detalle perfecto; Cruyff se descuida, Best acelera y puntea la pelota que pasa entre las piernas de su rival... Se escucha el «oooooohhhhhhhhh» desde todos los rincones del estadio, mientras desde su asiento un desquiciado e incontrolable Bill Elliot, comienza a gritar:

—¡¡¡Lo hizo!!! ¡¡¡Lo hizo!!! —El ídolo local observa atónito, mientras Best, sin disimulo, empuña su mano derecha y lo festeja como si fuese un golazo inolvidable. Bill Elliot aún no lo cree, se tapa la cara y vuelve a gritar con semblante de locura—. ¡¡¡Es el mejor!!! ¡¡¡Es el mejor!!!

Best, inspirado, se jugó un partidazo y comandó a su selección a un 2-2 histórico en Ámsterdam. Con kilos de más, ya no con el ritmo de antes, pero todavía descarado y juvenilmente loco, opacó al mejor jugador de la época y a la legendaria Naranja Mecánica. Bert Nederlof, aquel periodista que había dado de baja a George Best, al encontrarse con el técnico holandés Jan Zwartkruis, simplemente guardó silencio. Nunca había recibido una mirada tan fría en su vida. Bill

Elliot escribió rápidamente un mal artículo que al menos le brindó la posibilidad de unos billetes adicionales. Se fue a pasear, ya sabemos adónde.

George Best se retiró entre abrazos y descorchando champaña en el camarín tras el épico resultado y la majestuosa performance individual. Al cabo de un rato, desapareció. Iba camino a un hotel, perseguía a una mujer que estuvo en ese partido, sentada en la tercera fila. Es que George Best quizás no era serio, pero cuando se fijaba un objetivo, lo cumplía.

La cita que Bielsa le pagó al Loco Carlos

Al Loco Carlos lo conocí hace algunos años en un viejo bar del centro de Santiago; de esos con estilo, sin velitas hueonas, con rock de fondo y un barman corrupto. Un bar para beber, en la sombra, con presunción de dimensión paralela. ¿El Loco Carlos? Un personaje. Carismático, extrovertido, un conversador. De esos bohemios que se sienten cómodos en una noche brumosa, perfumando el vicio, bajando a la cara frases corrientes pero sabias, caminando por caminar, con semblante delictivo.

Fueron varios vasos, uno tras otro, primero desde el perfil de la barra, luego en una mesa junto a una botella que pidió él: no se preocupe, amigo, yo invito, fue lo que dijo. Sus historias parecían no acabar nunca. Para él en la vida existen tres grandes pasiones que ni aunque su mamita se lo pida en lecho de muerte dejaría: el fútbol, viajar y comer carne. De hecho no pasó mucho desde esa afirmación hasta que se pidió un tremendo churrasco que se zampó en medio minuto. Aunque al conocerlo me parece que a esa autodefinición bien le vendría agregar un par más: las minas y Bielsa.

El Loco debe andar por los cuarenta y cinco años y ni asomo de amarre; al contrario, su licencia de vida es encarar en cancha nueva. Llamarlo galán puede resultar un exceso, pero el cuento que sale de su boca claro que emboba. Moreno, alto, de rasgos toscos pero seguro de sí mismo, versa en caballero, sin sobrepasarse pero jamás dejando de insistir. Y a ratos le resulta, generalmente le resulta. Lo de Bielsa es admiración sincera, un apego al juego que el rosarino impuso en Chile y que expulsa sin presión. «A mí me dicen Loco por el profe, ¡ese sí que es honor!», reconoció mientras me relataba cómo hizo para armar los billetes y acompañar a la Roja en Sudáfrica. Qué historia. Bielsa para el Loco Carlos había sido un descubrimiento, casi como el aprendizaje de un nuevo idioma. Y hablamos de wines, de fracasos y de aquella noche triste de las poleras negras. Dos lucas al barman que nos rellenó los vasos y así dio no sé qué hora pero tan tarde como para emprender nueva ruta y lo suficiente como para haber encontrado un nuevo amigo.

Era 8 de marzo de 2012 y recibí un llamado del Loco Carlos preguntándome en qué estaba. La verdad es que yo estaba en nada, cesante y con el diario cerrado. «¿Tenís cable?», me preguntó, y efectivamente era la única cuenta que tenía pagada, así que tras mi respuesta cortó con un *voy pa allá*. Para mí era bastante claro su objetivo: ver el partido que esa tarde jugarían en Old Trafford el local, Manchester United, y el Athletic Bilbao que en ese momento era dirigido por Marcelo Bielsa, por los octavos de final de la Europe League. Partidazo.

El Loco llegó sobre la hora, excitado por el apuro, también por el partido, pero además porque el hueón se había gastado las últimas treinta lucas que le quedaban —y quizás cuándo tendría plata nuevamente— en una apuesta: que los muchachos de Bielsa le ganaban en Inglaterra al poderoso equipo de sir Alexis Ferguson. Y para agregarle drama, en el primer tiempo debían quedar empatados, si no, aun cuando el equipo vasco venciera, la apuesta quedaba en nada. Extraordinario, fue lo primero que pensé y me cagué de la risa. El Athletic venía en alza, de a poco le tomaban la mano atrevida a Bielsa, pero todavía presentaba inconsistencias defensivas y perdía el ritmo a la hora de atacar. En definitiva, prometía pero no era del todo confiable. Y al frente tenía a un rival peso pesado. Pero el Loco creía en su Loco, según él sintió un pálpito la noche anterior, y necesitaba el dinero para invitar a salir a la Maquita, una trigueña que trabajaba en una librería cerca del Forestal y que lo tenía comprando libros como nunca…, hasta la *Divina Comedia* se llevó el fantasma con tal de ir a hacerse el lindo. Y el Loco es a la antigua: si invita a una dama, le gusta pagar. «¡¡¡Vamos, Bielsita!!!», repetía, y le daba besos al boleto de la apuesta.

En Old Trafford, mientras tanto, ocho mil hinchas que viajaron desde Bilbao presentaban una atmósfera increíble. Obvio, qué importaba no haber ganado jamás en la isla, era el teatro de los sueños, y como nunca en su puta vida el equipo jugaba a destajo bravo, saliendo atrevido, de tú a tú donde fuese. Y así fue desde el primer minuto de juego.

Es cierto que sus equipos no han ganado tanto, pero el sello que tienen…, ese sello, tan su sello. Y te conmueve, porque es equipo, es sistema, y es abiertamente insolente. Te transmite la épica de un desarrollo intenso, y trabajo dedicado, no al lote, y un plan firme y protagónico que no cede al miedo. Sí, junto al Loco y esos ocho mil vascos, yo también me puse a gritar. Y el Loco Carlos…, es que ustedes lo hubiesen visto…, ¡se le salía la garganta por los ojos! Y yo no sé por qué tanto si ese 0-0 en ese momento era lo que le servía…, tal vez, probablemente, se dejó llevar por el fútbol.

El Athletic dominaba, dominaba y ¡pum!: gol de Rooney en la primera que tuvieron. Nos queríamos morir. ¡PERO CÓMO CHUCHA! El Loco Carlos pateaba el suelo, le pegó un combo a la silla y puteó la mejor ráfaga de garabatos de la tarde. Sin embargo, el Bilbao insistía, y rotaba por un lado, por el otro, se movían por todas partes, y aparecía el central de punta izquierdo y el lateral derecho de 9 y el 9 de 10 y los británicos se salvaban una y otra, y otra vez, y De Gea que sacaba TODO.

No quedaba nada de ese primer tiempo, minuto 43, el Loco Carlos estaba hasta el hoyo, perdiendo, sin plata y sin Maquita; hasta que hilaron increíble: Susaeta por el costado derecho centró y Llorente se metió como un tren chantando el cabezazo y a la malla… ¡¡¡GOOOOOOOL!!! ¡¡¡GOOOOOOL!!! Nos quedamos sin oídos. Lo más increíble es que en el edificio se escuchó retumbar el mismo grito en casi todos los pisos. 1-1, el Loco Carlos seguía en carrera.

El segundo tiempo fue alucinante: dominio unilateral de los de Bielsa, mientras Ferguson no entendía nada. ¡El Athletic llegaba por todas partes! Achicaba la cancha, circulaba el balón y de pronto aceleraba. Tanta fue la insistencia que De Marcos puso el 1-2 bien entrada la segunda etapa. Esa fue otra explosión. El Loco Carlos ya estaba que lloraba.

Minuto 88, en Old Trafford, cualquier equipo cuida el 1-2; no uno de Bielsa que perseguía más, con siete buscando y así llegó el 1-3 de Muniain. Qué gusto daba, qué lindo así. Los ocho mil que colmaban el tramo visitante estaban eufóricos, existiendo de nuevo. El Loco Carlos se arrodillaba y se persignaba paganamente en nombre del profe. Un espectáculo. Rooney descontó de penal a los 92 pero ya estaba hecho: el Athletic de Bielsa había ganado, a lo grande, en Old Trafford.

No sé cuánta plata fue la que ganó el Loco, pero sí sé que la suficiente como para regalarme un librito de Maupassant.

Después de un par de negativas logró invitarla a salir, quizás la convenció porque la Maquita también era Bielsista; eso sí, ella no dejó que pagara su parte. Hasta el día de hoy van y vienen, el Loco sigue siendo el Loco y ella tampoco se presta pal rebote; es un amor irregular, aunque poéticamente cachondo.

La primera Copa Libertadores de Pelé

El Estadio Monumental de River Plate presenta un lleno total este 30 de septiembre de 1962. Claro que en la cancha no está el equipo local, ni tampoco la Selección Argentina, ni ningún otro conjunto trasandino. Sin embargo, la alta expectativa no es extraña: se enfrentan por la final de la Copa Libertadores el vigente bicampeón, Peñarol de Uruguay, versus el gran dominador del fútbol brasileño de estos años, el Santos. La ciudad de Buenos Aires respira fútbol desde el paso diario, cafés, bares y revistas. El fútbol es parte de la transpiración del día, del entorno, del lenguaje común. La atención es cierta y curiosa, se miden dos estilos y el morbo discursivo ya está rodando. Peñarol tiene fuerza, es aguerrido, saca chapa de campeón y cuenta con un goleador extraordinario como Spencer; Santos representa el fútbol lírico, divertido, ofensivo, con gambeta, y está Pelé, la gran estrella del fútbol actual. Se viene un partidazo.

La serie está igualada a un triunfo cada uno. El equipo brasileño venció en el mismísimo Centenario a los de Montevideo por 1-2. La llave se creyó cerrada tras los goles de Coutinho, pero la garra charrúa y los goles oportunos de Spencer dieron la sorpresa para devolver la mano en Brasil por 2-3 y exigir así un tercer encuentro en cancha neutral. La final adquiere ribetes épicos. El barrio de Núñez tendrá el honor de ser el telón del episodio definitivo. Episodio que además contará, ahora sí, con Pelé como protagonista, pues estuvo ausente en los dos primeros juegos por lesión.

Todos esperan ver qué puede hacer «el Negro», como le llaman en el Río de la Plata. Algunos confían en que será el factor determinante del triunfo; lo aguardan ansiosos y esperan ver en directo qué tan cierto es todo eso que se lee de él. Es la fascinación de ver por primera vez al 10 que copa todas las crónicas con calificativos que parecen desmesurados. Porque Pelé para el mundo es más bien una figura literaria, un héroe popular frecuentemente relatado, pero ahora estará ahí, en la cancha, y será real. Por supuesto también hay muchos que dudan de todos esos cuentos exagerados, desbordando el mito con escepticismo. Sí conocen a Peñarol, y aseguran que con un buen set de patadas las palabras serán solo eso y el fútbol volverá a ser tan habitual como siempre. Los ojos, creen los desconfiados, arruinarán el reino imaginativo de la lengua.

Comienza el partido y Santos comanda las acciones. Los cinco atacantes del cuadro brasileño no se quedan quietos y machacan desde el inicio: el zurdo Pepe y el rápido Mengalvio destrozan por los costados; Dorval por el medio genera la pausa; el fiero Coutinho entra y sale del área; Pelé juega de todo. Las patadas no se aguantan ni matizan por parte del equipo uruguayo, pero no es suficiente para frenar el vendaval inicial. Aun así el arco todavía no se abre, la defensa oriental se agrupa, está bien paradita y no tiene empacho en mandar largo algún balonazo a ninguna parte para respirar.

Pelé baja al medio a pedirla. Así se juega, en dos trazos y maniobras individuales que despejan y acumulan rivales, para luego jugar alguna pared. El toque y la posesión es algo residual, son los duelos los que definen el curso de la historia. Pelé lo sabe y con eso saca ventajas: físicamente es superior, su zancada inicia el murmullo atónito de la tribuna, que se vuelve griterío con los amagues y aplausos cuando se frena, mira y vuelve a arrancar.

Ahí va Pelé desde el medio: pasó uno, pasó otro y a otro… ¡PATADA EN EL CUELLO! Pero no se queja, de hecho lo levantan con una palmadita en la espalda y él se ríe, ya es rutina. No la lleva pegada al pie, no tiene ese broche, aunque no es necesario, es demasiado rápido, tanto con las piernas como con la cabeza: engancha, gira, amaga el remate y abre a un costado libre. Es bueno, es muy bueno. No es sutil pero tiene otro ritmo, es de otro tiempo. La enemistad argentino-brasileña cobra un paréntesis, está jugando Pelé y es un espectáculo. ¡Se le ovaciona! Peñarol, el actual campeón del mundo, se ve tosco y torpe ante las filigranas de esos cinco de arriba. Y lentos, muy lentos al lado de Pelé.

Ahí va Pelé nuevamente encarando: recorta hacia afuera, sigue avanzando por el borde del área rival, engancha para adentro, el defensor sigue de largo, dispara fuerte, mientras varios se abalanzan hacia él intentando al menos un bulto que le quite los espacios; pero el balón ya salió del pie del genio y en esa ruta acelerada se produce un rebote, el cuero sigue girando ante la vista imperturbable de Pelé, quien con los ojos parece guiar el destino de aquel objeto que mima sus impulsos… y va al arco, y sigue girando, y Pelé comienza a celebrar: autogol después de un jugadón. 1-0 el Santos y Pelé salta con el brazo derecho haciendo un gancho, como siempre. Ahí está Pelé, ha sido. El futbolero vibra y reconoce en eso algo que probablemente sea historia.

Peñarol debe animarse a más, lo intenta, pero cada contragolpe brasileño parece el final. Coutinho, el denominado virrey, el mejor socio de Pelé, no está en su mejor jornada y desperdicia una tras otra. La noche de Buenos Aires, días antes, le quemó los pulmones. ¿Quién puede culparlo frente al tango y unos ojos coquetos en cabellera plateada? Termina la primera etapa.

—¡¡Hay que bajar al Negro, muchachos!! —se repite una y otra vez en el vestuario uruguayo.

—Es como se leía—le dice un gastado canoso a otro, mientras fuman una pipa, en el centro de la galería.

El segundo tiempo no tiene cambios. Va Pelé nuevamente, descubriendo la cancha por el centro, nadie lo alcanza. Ya está a metros del área, ¿qué va hacer?, obviamente, un GOLAZO. Derechazo de veinte metros al ángulo. 2-0. Peñarol ya quiere que esto se termine. Sin embargo, Pelé quiere más. La gente corea su nombre y quiere darles una guinda. Y la tiene. La bola está en el área tras un par de centros y rebotes, uno de los cuales le queda al número 10 y este como viene, planta la volea y sacude la malla. 3-0. Otra vez el salto y el gancho.

El juego se acaba y Pelé es campeón de la Copa Libertadores. Un hincha uruguayo, que está en el estadio, le dice a otro:

—Y menos mal que hace poco estuvo lesionado.

Fue Pelé, el de las letras, y el de la cancha.

La última noche de pasión de Garrincha

Su cuerpo está prácticamente contaminado, aferrado a los recuerdos y a una fría cerveza. Observa el televisor del bar sin demasiada atención, la camisa la tiene empapada de sudor, junto a unos shorts sin bolsillos, porque eso ya da igual. Garrincha simplemente camina y espera la invitación de la gente, dinero ya no le queda, tan solo una mecánica sonrisa que se desgasta día a día, mientras va derecho a su muerte.

El ídolo del pueblo brasileño juega sus descuentos, en la miseria absoluta, desnudando lástima de algunos, viva admiración en otros, olvido de una mayoría que ya no lo ve joven ni de corto, regateando como quizás nadie más lo hizo en una cancha de fútbol. El otrora crack de la banda derecha yace sentado solo en un maloliente bar de Fluminense —cerca de donde nació—, adonde como un salmón del destino vuelve a dejar sus huesos maltrechos, junto al humo del tabaco y el alcohol llenando cada una de sus venas.

Poco queda del mozo galán que fue capaz de robarle la amante al presidente, aunque en sus ojos aún habita esa llama de deseo indómito, porque para ser Garrincha no bastó con la alegría, también tuvo que ser salvaje; desmontar los prejuicios, destronar el dictamen científico, arrollar la visión normal y equilibrarse en un mundo que no lo tuvo recto, con sus piernas desajustadas, las rodillas ladeadas y la columna encorvada.

Tres han sido sus grandes pasiones: el sexo, el trago y la gambeta. Amante decidido, nunca se achicó y al día de hoy nadie sabe cuántos hijos dejó en este planeta. Oficialmente son catorce, pero seguramente el número es mayor. Ni su breve paso por el Mundial de Suecia escapó de esa carnalidad que lo despojaba de lo humano, esa característica que poco sentido le hacía, porque para él lo simple no estaba en el lenguaje ni en las formas, más bien en una animalidad sobreviviente, fluida y desconcertantemente natural. Y así como su prole se extendió por distintos lugares del mapa, su aliento bramaba sin dobleces el alcohol del que nunca pudo desprenderse, más allá de tibios intentos. La bohemia y ese escape de una rutina que solo aplacaba con juerga, unos besos profundos y el día del partido. Y si como don Juan y borracho amanecía su conciencia libre, con el balón pegado al pie descansaba, y así era, pues no existía otra cosa en la cancha para Garrincha que su propio juego.

El alma del Maracaná, ídolo máximo del Botafogo y llamado sin rubor «La Alegría del Pueblo». Pocos jugadores alcanzaron su carisma. En su figura la masa carioca resumió una noble proyección, ya que como pocos el astro logró disimular cada uno de sus defectos físicos, transformándolos contrariamente en presuntuosa habilidad. Y pocos lo pararon. Se dice que siempre hizo la misma jugada, algo falso porque constantemente improvisaba, pero sí es cierto que turnaba periódicamente el trazo corto con el trazo largo, y era esa dinámica oscilante la que encarnaba el delirio popular: aquella idea repetida, nunca con las mismas palabras.

De pronto, una mueca arremete sin control en el rostro de la figura que, con cuarenta y nueve años, siente el peso de su vida en las caderas, también en su lengua, pero, sobre todo, en su pecho. Es Pelé en la tele, con un traje fino, anillos y diciendo tonterías, ahí, bien de la mano de una cantante que llaman Xuxa. El rey tiene a su modelo, cuando Garrincha mira con envidia, mientras siente hambre. Observa los ojos de su excompañero de Selección, los ve relajados, sin ojeras, tan diferentes de los suyos que parecen no haber tenido nunca un descanso. Luego sonríe, sabe que el moreno de la pantalla se jacta de un tricampeonato mundial que tiene un hueco; hueco que llenó él para Chile 62. Porque Pelé para el Mundial del país austral no hizo nada, al contrario del cojo, que lo hizo todo.

Siente el resquemor y una amargura como pocas veces experimentó, aunque intenta aplacarlos. Sin embargo no puede, tiene pocas energías y se ha vuelto mucho más humano. Ahora entiende, distingue, envidia y sufre.

Pelé y el resto llenados de gloria tras México 70, y él con sus rodillas hechas trapo, autoexiliado en Roma, escapando de una política que meramente rozaba. Roce, eso sí, que lo ligaba con su amor definitivo: ese cómplice, admirado e intensamente inseguro. Esa voz ronca y llena de dinamita sensual de Elza Soares. Porque si Pelé ahora paseaba a una cantante de medio pelo, Garrincha rompió el colchón con la reina del Bossa Negra, una mujer de carácter y absolutamente comprometida con ideales que dividían el mundo de la época.

La amó sin freno, bestialmente, desnudando gemidos, pero también maltratos. La perdió, como todo lo que tuvo, desde que sus piernas dejaron de responder y su lengua solo supo sumergirse en vasos sin fondo.

Piensa en Elza, sus ojos se humedecen y siente cansancio. Quiere estar con ella, una vez más. Reconoce el dolor de ese amor desperdiciado, vesánico, a ratos infantil. No la encuentra, ya nunca más la encuentra…, como tampoco a la pelota, que hace mucho se alejó de su corazón.

Tiene una botella en la mano, quiere ir a casa; tristemente advierte que aquella botella es la única casa que le queda.

Una morena que está sentada cerca lo mira y se sonroja. Garrincha se da cuenta de ello, la llama. Ella sabe de quién se trata, a él poco le importa. Le cuenta algunas historias de sus partidos, aunque no acaba ninguna. Se van juntos, ella paga el taxi, el motel y se toma una fotografía con la leyenda. Él queda depositado en la cama, ya no fue como antes, pero al menos alcanzó para sentir lo que se siente.

Regresa, a ninguna parte, tal vez a un lugar que le dé algo de beber. Imagina otros tiempos, cuando realmente dominaba en la cama, también el Estadio Nacional de Chile, ese que lo llevó a la cima del mundo como principal héroe. Revive sus goles, repasa ese fútbol que le dio fama, aplausos, una casa, comida y lo insertó en una sociedad que nunca comprendió del todo. Quiere ver a Elza, tararea sus canciones, mira sus manos que la golpearon y se siente putrefacto. Nunca dejó de amarla pero lamentablemente nunca dejó de ser él. La extraña, sus sentimientos se vuelven físicos, y siente el dolor. Mira al frente, Elza ya no aparece, nunca más está al frente…, se ve una luz, es el Maracaná lleno y él está siendo velado.

Nos vemos en la cancha

Subieron al avión que los llevaría a Medellín entre bromas, risas y selfies; la expectativa movía el nervio, pero también la exquisita e inevitable ilusión de ese grupo de jóvenes futbolistas que, contra todo pronóstico, disputaría la final de la Copa Sudamericana frente al Atlético Nacional de Colombia. El Chapecoense, un humilde pero orgulloso club del pequeño estado de Santa Caterina, Brasil, rompía la quietud de lo presumible, alcanzando una definición continental que estaba en los cálculos iniciales de muy pocos, salvo de ellos y no todos, salvo de sus hinchas y no todos. Pero así es el fútbol, un deporte de sudor, contagio y empeño colectivo, en el que cuando la pelota empieza a moverse, en muchas ocasiones la realidad modifica la aparente línea de rutina. Chapecoense ya había dejado en el camino durante este torneo a Independiente de Avellaneda y a San Lorenzo de Almagro, dos de los clubes más importantes de Argentina, señalando en la ruta que el hambre por hacer historia era más fuerte que el respaldo precedente. Así lo manifestó públicamente el técnico brasileño Caio Junior cuando dijo «No renunciamos a soñar», un mensaje aparentemente común, pero que deja de serlo si realmente se cree en ello. Delante del último desafío, todos sus futbolistas, todos sus hinchas, estaban abrazados firmemente a ese sueño; creían.

Vivir tiene un destajo brutal de conspiraciones que muchas veces promueven la renuncia de la mirada, atajando el futuro en el mareo del presente y la oscuridad de algunos recuerdos. Jugar al fútbol inyecta pasión, despejando paradójicamente el destino a través de primarias señales infantiles. De niño los temores están en la misma habitación de la felicidad: la fantasía. Es en esa habitación de contrastes donde se experimenta el inicio del lenguaje de los sentimientos. Jugar al fútbol, aunque incluso más, la experiencia general, aun desde quien solamente lo descubre desde la mirada, es transitar nuevamente por ese mundo fantástico, lleno pero lleno de vida y desbordado de sentimientos. Por supuesto que se experimenta la tensión de la competencia, los fantasmas propios, la crueldad del fracaso, pero también convive el anhelo inagotable, el desahogo emocional, la sinceridad expresiva junto a otro, el reclamo de una identidad. Jugando, con goles o transportado en la observación de esos goles, hay un lenguaje común y nos sentimos relacionados con este mundo. Da lo mismo dónde, no importa la cancha. No es perfecto ni burdamente armónico, pero sí una creencia popular y salvajemente romántica.

El avión no llegó a destino, abrazando la cruel tragedia. Solo tres de ellos sobrevivieron. Es insoportablemente real. Fue en la búsqueda de esa creencia, a través de la honestidad de sus sentimientos. Ahora todos jugamos con ellos, los alentamos y despedimos con respeto. Ahí tienen la copa, muchachos de Chapecoense, aunque sea a través de un partido imaginario empujado por nosotros; o más bien empujado por la fantasía del fútbol y la que ustedes mismos construyeron. Y así merecen ser recordados, felices, como niños, como enamorados del fútbol, gambeteando en la línea de rutina. Nos vemos en la cancha, en cualquiera.

¡¡ROOONAAAALDO!!

Falta solo un día para el gran clásico de selecciones del fútbol mundial. Es 1 de junio de 2004, el ambiente estremece a cada uno de los que caminan por las calles de Minas Gerais. No se habla de otra cosa: Brasil, el vigente campeón del mundo, recibe al puntero de las clasificatorias sudamericanas, Argentina, el enemigo de siempre; por cercanía, por pretensión hegemónica, por recelo de pasión, por el mismo lenguaje de pelota que no están dispuestos a compartir.

Ronaldo está recostado en su habitación del hotel, mira la televisión mientras Roberto Carlos simula leer una novela de Eça de Queirós. El delantero del Real Madrid se ríe de él, le dice que no sea fantasma, que vean juntos a las meninas del fitness en la pantalla. El lateral no le hace caso y lanza un «cállate, gordo» sin maldad pero donde duele. Ronaldo traga saliva y escupe un pensamiento: «Mañana les cierro el pico a todos». El conocido «Fenómeno» viene de un fracaso sonado con los Galácticos del Real Madrid, quedando solo en chapa un equipo hecho a la medida del marketing pero no de la cancha. La prensa del mundo lo simboliza como uno de los responsables, siendo que con veinticuatro goles fue el goleador de la Liga. Y lo llaman Gordo, sin cariño, con mordacidad. A Ronaldo le gusta la vida, no se reprime, pero se siente completamente vigente y mañana quiere demostrarlo en el gran escenario.

El técnico argentino Marcelo Bielsa cuenta con varias bajas en el plantel: no está su central de cabecera, Roberto Ayala, tampoco ninguno de los volantes centrales que suele utilizar, ni el nuevo 10 que le llena el gusto, Andres D'Alessandro. El periodista de mayor tribuna continental trasandino espera que las ausencias lleven a la prudencia al rosarino y pide públicamente que juegue con «inteligencia». Además, por supuesto, se escandaliza al enterarse de que un muchacho de diecinueve años que ni siquiera es titular en River Plate tenga opciones de entrar al campo de juego, un tal Javier Mascherano.

El repaso de los videos hace a Bielsa abrir bien los ojos, sabe que si cede espacios con la pelota los monstruos amarillos van a triturar una estrategia conservadora. Además, no es así como propone ni siente el fútbol que deben hacer sus equipos.

—¡¡Vamos a aplastarlos, a no dejarlos jugar!! —arenga en el vestuario.

Y cómo no, si es el partido que la sangre *che* más siente.

—Javier, Roberto Carlos debe preocuparse de vos; ¡andá y pasá! —estimula a Zanetti, su capitán.

—Mache, Mache, usté salga y ponga el pecho, la espalda la pongo yo. —Y con una palmada en la mejilla envía al 5 con los demás.

Al otro lado, el adiestrador del Scratch, Carlos Alberto Parreira, reza con cadencia lugares comunes que nadie atiende, mientras Ronaldo mueve las rodillas sin nada más en su cabeza que rabia contenida, mitigable solamente al contactarse con el balón, su ejercicio de expresión natural.

En el Mineirao no entra nadie más y la salida de los equipos a la cancha llena de euforia la atmósfera, tanto que ni «Satisfaction» de los Rolling Stones podría colarse como sonido. Es el fútbol rugiendo en estado primario, en clave salvaje, en código clásico.

Pero al cabo de unos minutos el silencio se hace regla, mientras la albiceleste juega a toda marcha, anticipando todo como un presagio. Los dirigidos por el Loco Bielsa asumen el protagonismo y, en el primer ataque, el multifuncional lateral Juan Pablo Sorín cabecea al poste. ¡¡Uuuuhhhh!! No obstante, el peligro no se ha ido, la bola sigue ahí y es el delantero Crespo quien inmediatamente caza el rebote, saca el derechazo y… ¡casi!: el balón se va apenas un centímetro arriba. Argentina en breve ya dio la primera cachetada. El pentacampeón no encuentra la pelota, parece torpe en sus movimientos, es atacado de manera brutal.

Ronaldo la pide con desesperación, no ha tocado hasta ahí el cuero. El 9 desciende unos metros a ver si hace juego, y es justo en ese momento cuando el Scratch avanza un poco y sin delirio busca a su mejor arma, ese gordo que ya barrió su propia revancha dos años antes en Japón ganando la Copa del Mundo con ocho goles suyos. Decían que estaba muerto, que ya nunca más, que aquella lesión en la rodilla lo había definitivamente enterrado, sin embargo, en dos flashes estelares dejó mudos a sus críticos y escépticos, y al portero alemán Oliver Kahn en el suelo. Ahora necesita hacerlo nuevamente… El Gordo tiene hambre de sí mismo. Recibe el pase y avanza como una flecha al área. El 9 es muy rápido y la tiene atada. ¡Es muy rápido y no se le escapa! Pero también astuto y adelantado a los tiempos corrientes del juego y al vulgar pensamiento de la dinámica obvia del resto. De perfil intuye una barrida y suelta ligeramente el balón de su pie derecho, Heinze se lo traga y lo bota: PENAL. Cinco segundos de Ronaldo cambian el eje. Las tribunas deliran sin pausa ni matices, cayendo los cantos como una tempestad: ¡¡ROOONAAAALDO!! ¡¡ROOONAAAALDO!! ¡¡ROOONAAAALDO!!

Él mismo toma el esférico, lo planta en el punto de sentencia y toma carrera. El portero Cavallero lo tiene estudiado, Ronaldo sabe eso o lo presume, pues engreído sabe lo que vale. No piensa y el cuerpo dicta: como galán confiado se acerca y apoya con fuerza la zurda, como si la fuese a cruzar con la derecha, pero sin esfuerzo abre el pie en el último resquicio de segundo: obviamente, es gol. Empuña la mano derecha y sale a festejarlo con la boca abierta, encontrando y recordando el alivio… No obstante, el árbitro cobra invasión: debe ejecutarse nuevamente el penal. Las tribunas pasan de la algarabía a una enrarecida confusión, mas no el rostro del jugador, que sin nervio se planta tal cual la primera vez y hace nuevamente lo mismo. Idéntico. Ahora sí, se grita con todo. 1-0 el local, 1-0 Ronaldo. Y de las tribunas vuelve a caer ¡¡ROOONAAAALDO!! ¡¡ROOONAAAALDO!! ¡¡ROOONAAAALDO!!

El gol igualmente no cambia el contenido del juego; Argentina sigue presionando, protagonizando y llevando las mejores chances. Pero no parece ser el día de dar al marco ni cuando se cuenta con la precisión justa. Y lo está pagando.

Así termina el primer tiempo, Brasil está maniatado pero tiene a Ronaldo.

Segundo tiempo. Luego de un remate de Mascherano que da en el travesaño, poco a poco el ímpetu trasandino se va evaporando. La red no tiene romance con la visita. En cambio, Brasil comienza a encontrar los espacios. Kaká, Zé Roberto y Juninho Pernambucano paulatinamente toman las riendas del encuentro. Y cuando desaparece la rienda, basta un tomate al huerto para que Ronaldo desate el nudo de los problemas llevando al rival hacia atrás. Es impresionante, tanto como si inclinara la realidad al borde de la fantasía. Y no se trata de un cuento, es fútbol. Y ahí va de nuevo…

Recibe Ronaldo, restan cuarenta metros para la portería; no levanta la cabeza y va: se saca a Quiroga, se saca a Heinze, Walter Samuel le mira el número, Mascherano llega tarde y lo bota: ¡¡PENAL!! En cuatro segundos, gambeteando con instinto, resuelve todo. ¡JUGADÓN! El periodista de tribuna continental toma aire, tiene material suficiente para descargar contra el técnico rosarino y comenta, oportunista, remando para su propia credibilidad:

—¡¿Cómo pone a ese pibe?! Se lo dijimos, eh. —Luego sonríe.

El Fenómeno es quien evidentemente toma el balón. Se planta canchero delante del arquero, juguetea con la mirada, ríe, lo disfruta, tres pasos y esta vez sí cruza el tiro. 2-0 Brasil; 2-0 Ronaldo. Van sesenta y siete minutos. Y la tempestad una vez más delirando la atmósfera del Mineirao: ¡¡ROOONAAA-ALDO!! ¡¡ROOONAAAALDO!! ¡¡ROOONAAAALDO!!

Argentina no renuncia pese a los dos goles en contra y bajo la fuerza del amor propio insiste en su idea. Es así como Juan Pablo Sorín consigue el descuento, después de múltiples rebotes, a los setenta y tres minutos. El encuentro todavía tiene vida y Bielsa clama desde el banco ir por todo. Saviola, Aimar, Crespo, todos llegan al área, mientras Dida suspira y el silencio una vez más embarga al estadio. El empate se cree al alcance. Pero en la cancha se encuentra la inmensa figura de Ronaldo. Y un Ronaldo en la cuerda perfecta: inspirado y venido de la rabia.

Son los estertores del pleito, la visita invade tierra ajena con épico desplante, pero de contra el 9 se escapa, y veloz bien veloz desaparece del espacio mundano y ya está en el área frente a frente a Cavallero quien sale al achique. El portero albiceleste cubre bien, parece haber dominado la irrupción del Fenómeno, pero es solo un parece porque al Gordo le quedaba una marcha más y acelerando logra puntearla, inclinar la cancha y atraer el cuerpo de Cavallero a sí mismo… Y SÍ, OTRA VEZ PENAL. La aflicción que se vivía en el tramo final se revierte con el eco favorito: ¡¡ROOONAAAALDO!! ¡¡ROOONAAAALDO!! ¡¡ROOONAAAALDO!!

Ronaldo se da el tiempo para escuchar al estadio, se toca la ponchera, esboza confianza y define al medio, suave, como si se le estuviese pateando a un sobrino en la reja del pasaje. Explota el Mineirao con el bálsamo del coro que ganó el clásico. Ronaldo 3, Argentina 1.

El periodista de tribuna continental agita el rating pasando cuentas al técnico que no le da entrevistas exclusivas. Bielsa responsabiliza al Fenómeno, *un jugador para atesorar*, del resultado. Claro que ante la insistencia se termina culpando de todo con una mueca irónica que bien decía «¡¿cómo voy a ser yo más importante que Ronaldo, pelotudo?!».

Ronaldo, más vigente que nunca, saboreaba una nueva revancha, aguardando atentamente las líneas de la prensa. Se iba al hotel contento, mostrando sus paletas a todas las cámaras. Obviamente tocaba celebrar, quizás con un mojito, seguramente con alguna dama y con el flaco Roberto Carlos caminando detrás de ese gordo inmortal.

Un romántico

Gracias, bruja.

Florentino Pérez, magnate español y presidente del Real Madrid, colgó el teléfono con fuerza y espetó un grito patronal. Al viejo de mierda, como hacía mucho tiempo no le pasaba, le tiraron los billetes a la cara. Cuarenta y ocho horas después, finalmente Michael Owen llegaba al conjunto merengue. A esa misma hora, el hombre encargado de decepcionar a Pérez iba en bicicleta a comprar el pan, a la misma panadería de siempre. Al llegar, don Alessandro lo abrazó y le llenó la bolsa de costumbre. Al salir, respiró tranquilo, mientras recibía desde múltiples lados los saludos de una fanaticada agradecida; por todo lo hecho hasta ahí con la camiseta de la Roma, por negarse a partir al coloso blanco, por el futuro en conjunto…, en definitiva, por haberse quedado en casa.

Respondió brevemente los saludos y comenzó a pedalear. No era la primera vez que rechazaba una oferta millonaria, el verde de Silvio Berlusconi mensualmente le mandaba mensajes, lo mismo Moratti, pero el «10» *giallorosso* nunca vio en Milán su destino. Sí, es cierto que la posibilidad de irse a jugar con Zidane y Ronaldo lo tentó, y le rondó mucho tiempo en la cabeza, ya que de niño creció viendo el Bernabéu y la «quinta del buitre». Pero el arraigo es el arraigo, y aunque en estos tiempos parezca un valor anacrónico, para él lo es todo: su ambiente, su vínculo, su identidad.

Nació en 1976, cuando el barrio era barrio, el hambre mordía los ojos y el amor no tenía el filtro de lo inmediato. Así creció, viendo las manos gastadas de su *babbo*, que trabajaba horas extras para llevarle un chocolate, y esperando una vez al mes irse de parranda a la «curva sur» del Olímpico, a gritar por un equipo irregular pero al que no tuvo tiempo de cuestionar, porque lo quiso siempre, al igual que a la pelota. Fiorella, su *mamma*, le escondía la redonda porque el cabro era flojo: no hacía ni la cama y pasaba callejeando por Porta Metronia, esa zona dura y peluda donde vivía. En esas salidas conoció el miedo, y de vuelta la valentía, ya que de pollo te comían. También descubrió su lado malandra, a punta de piedrazos y vidrios rotos, ring ring raja y sacadas de chucha. Por supuesto, le rompieron el corazón con una carta escrita a mano y el papelón del portazo en el rostro. Es que antes no existía este mariconeo de sufrir a punta de mensajitos de texto, era en vivo y mirándose a los ojos. Y mientras todo eso le pasaba, gambeteaba en el cemento y en la tierra, porque nunca coleccionó juguetes ni leyó libros, siempre vio y consumió fútbol, eso le palpitaba y era ahí donde realmente se concentraba. Encarando el día a día, amagando los escobazos de su vieja, llegaba a la cancha y fluía, sin respeto, sin reverencia, abiertamente insolente, como lo es quien hace lo que le gusta, como lo es quien se precia de creativo.

El partido de la sub 12 del Trastevere estaba planchado; niños de once años jugando calcio, como se hace en Italia:

táctico, sin grandes espacios, lloviendo patadas. Mocosos disfrazándose de hombres, en la estrategia, la pillería y la pica. No hay otro lugar en el mundo donde en setenta minutos un partido de pendejos en cancha grande vaya 1-1. Y desde afuera los técnicos aleonando a sus pupilos, dictando órdenes estrictas, alineando los movimientos. En el medio de una cancha desnivelada, y con menos pasto que en colegio municipal, un flaco con cara de pájaro y ojos azules pensaba algo distinto. Las rodillas sangraban, hasta ahí poco y nada, pero se tenía fe. Uno que otro pelotazo, uno que otro pase hacia atrás, y no mucho más. Pero la «10» es más que un número, es una condición. De pronto, un zapallo cerca suyo; el grandote, hablador y mañoso, ya está pegado atrás de él; pero el flaco no arruga, mete la espalda y sin pausa hace del zapallo una de golf; pasa y sigue, esquiva una piedra; ahí viene uno lento que juega porque llega temprano y se saca buenas notas, quiebra caderas y chao con el pastel; sigue, amaga hacia la derecha, el arco se asoma, aunque no lo mira, no tiene necesidad; son veinte metros y dispara una bomba con esas cañuelas que parecen hilachas, pero que llevan dentro la fuerza del potrero y la técnica de haberle dado un millón de veces a la pared, en el juego y en la mente. 2-1. El joven italiano juega como sudamericano.

Un cazador ve la capacidad del muchacho y se acerca con el garbo estirado, orgulloso. Se presenta con el semblante de quien viene a solucionarle la vida y le dice: «Te he escogido para que vengas conmigo. Te voy a llevar a la Lazio». El joven jugador no da crédito, lo mira y se caga de la risa. Ni siquiera le dio una respuesta. «Jamás voy a jugar por esos muertos», pensó y se dio media vuelta. El muchacho podía estar desperdiciando la mejor oportunidad de su vida, pero la convicción de anclar su destino en el equipo que le era propio estaba escrita; por talento, pór deseo inmenso.

Con trece años ese volante que hacía tacos, pases filtrados y golazos, finalmente llegó al equipo de la loba, y no salió más.

Desechó la primera gran oferta, Lazio, porque se contradecía con su esencia vital: hacer lo que ama en el lugar que ama. Y, una vez ahí, desechó todo el resto: cifras siderales y perspectivas deportivas mucho más ambiciosas que las que la Roma podría ofrecerle, y siempre por la misma razón…, en realidad, por el mismo sentimiento.

Fue campeón con el equipo de su vida en la temporada 2000-2001, cuando le pusieron a Batistuta de 9 y él se floreaba en perspectiva y viniendo desde atrás. También ganó dos Copa Italia y otras dos Súper Copa de la Península. Sin duda que nivel tenía de sobra para comandar una escuadra más poderosa, sin embargo, no quiso dejar de abrazar su tesoro; la rutina del día a día, sus amigos, el llevar su camiseta bendita y portar la cinta de capitán que lleva desde los veinte años; cinta tantas veces travestida, pero que él reivindica. Mal que mal es «Il Capitano».

Tras su retiro, con él se irá buena parte del fútbol que muchos hemos mirado. Sus últimos días no lo tuvieron como titular, pero cada vez que ingresó a la cancha la pelota se divertía, el estadio se volvía eléctrico, emotivamente eléctrico, y de sus pies no salía resto; por el contrario, esparcía viva y agitada abundancia apasionada. ¡Cuántos partidos te salvó, Spalletti! Con el gran 10 romano es imposible no dejarse llevar por el tiempo, los recuerdos, la historia de tres décadas y el fútbol mismo.

El gol a lo Panenka frente a Van der Sar en las semis de la Euro 2000, su título mundial con la azzurra en Alemania

2006, su evolución de volante a media punta y luego a centro delantero; y, por supuesto, todas las batallas libradas con la Roma, el equipo que decidió defender pese a los guiños del diablo y las diagonales hacia una cima predecible, pero ajena.

Viejo para los tiempos del fútbol, un nombre que suena a casete; pero sabe jugar, y si va a la disco, obvio que la rompe.

Alguna vez dijo: «De haberme ido al Real Madrid hubiese ganado tres copas de Europa, dos balones de oro y muchas otras cosas, pero no me arrepiento». Es esa fidelidad que ya no abunda, que Florentino y Silvio quisieron comprar, pero valieron tanto menos que pedalear alrededor de su gente. Son las palabras y el camino de Francesco Totti, un romántico.

SEGUNDA PARTE

La culebra del Lucho Fuentes

Petorca es una comuna en el norte de la región de Valparaíso. Tierra minera y rural, de limones y paltos. Ahí nació el expresidente Manuel Montt y también, pegado a las canchas barrosas de Chincolco, el protagonista de la siguiente historia: el gran Lucho Fuentes.

Luis Alberto Fuentes Rodríguez tenía por ese entonces treinta y dos años y hasta ese momento nunca había sido un personaje interesante para los grandes medios del país, probablemente porque nunca había jugado en un club de la capital o, quizás, porque no era un tipo que derrochara carisma. Al contrario, era más bien *quitadito de bulla*, como se dice.

Fuentes había construido una rigurosa y disciplinada carrera en el fútbol. A paso lento pero seguro, su juego confirmaba un progreso sostenido y armónico, sin las grietas de las diagonales económicas que tanta carrera deportiva mutilaban.

Debutó en 1991 por Coquimbo Unido, a los diecinueve años. Fueron ocho temporadas de aprendizaje, regularidad y bajo perfil. En febrero de 1998, Nelson Bonifacio Acosta lo convocó por primera vez a la Selección chilena, y aunque no obtuvo un cupo para la nómina definitiva que disputó el Mundial de Francia 98, el sabor de vestir la Roja, al menos durante una gira, recontrapagaba el esfuerzo de toda una vida.

Al año siguiente aterrizaría en Calama y se convertiría en pilar de la defensa de uno de los equipos más en forma por esos días, Cobreloa. Todo a punta de arduo y silencioso laburo. El cuadro *pirata* y la institución *loína* han sido sus dos estaciones en Primera, y ambos clubes dan fe ciega de su humilde y determinado profesionalismo.

Es 6 de junio de 2004 y el muchacho que callejeaba con sal en los bolsillos por si se encontraba una palta en el camino, desde hace algún tiempo ronda en Juan Pinto Durán, como un seleccionado más. La experiencia junto al progreso, finalmente, lo comenzaban a instalar como un zaguero probado y confiable, con dos títulos nacionales y varias batallas coperas en el cuerpo. El televidente promedio, el escucha de radio habitual, el fiel lector del suplemento deportivo, lo conoce; el gran resto, no. Pero aquello va a cambiar hoy: será, después de miles y miles de kilómetros de cancha local, titular en la Selección chilena, y nada menos que contra Brasil por las eliminatorias rumbo al Mundial de Alemania 2006. «¡Un partido que verán más de 100 millones de personas en todo el mundo!», se lee en uno de los periódicos del país. El hombre de piernas hilachudas, con cara de gallo, que aprendió a barrerse en la tierra rocosa del club amateur Unión El Bajo de Chincolco, tiene ante sí su más grande oportunidad.

Lucho Fuentes hace metódicamente su bolso, revisa una foto de su familia y se encomienda secretamente a ellos, vaciando su espacio humano. Imagina el partido, se ve anticipando a Ronaldo y sonríe nerviosamente, ¡cuántas veces lo soñó!, y ahora en breve pisará el mismo césped que el mejor delantero del mundo. Comienza a agitarse, pero no es un problema, ya hay harto carrete, sin tantos flashes, sus poros son los de un futbolista. «¡Ronaldo!», piensa, y se caga de la risa.

Muchas veces creyó su destino estático, sin el viento favorable que otros con menos méritos a veces tienen, pero fue paciente y apasionadamente tozudo. Finalmente es la rebelión del ser, eso que es más bien inconsciente.

Cuarenta minutos de juego, Brasil vence 0-1 a Chile. Hace frío, el Nacional está repleto, con el público implicado. La Roja tiene al frente al puntero de las eliminatorias, a la mejor Selección del momento y al actual campeón del mundo. Chile asoma en una expectante posición, con buen puntaje, un juego irregular y esperando el destape de sus figuras porteñas, David Pizarro y Reinaldo Navia. El Enano de la Providencia, poco a poco, se consolida como un jugador importante en el calcio italiano; mientras, el Choro Navia tiene una probada carrera goleadora en México. El partido del volante guarda su sello con regates elegantes, mas, el ritmo es vertiginoso, tentando al pelotazo. El delantero hostiga la salida rival, no deja de moverse y ha tenido dos claras: en la primera se apuró; en la segunda, el portero Dida hizo una tapada de portada de revista.

Brasil lo gana por descuido chileno, que aflojó su intensidad inicial. Por los costados, salvo algunos arranques de Mark González, la Roja no profundizaba demasiado, intentando poblar la zona media y pelear ahí el dominio de las acciones. Pero al mínimo bostezo el Scratch avanzó limpio por la frontal: Junino Pernambucano tocó a Ronaldo, que descendió a la posición de 10; el Gordo, que lo sabe todo, apuró directo a Kaká, quien flotó a la medialuna; la nueva joya del Milán y del fútbol pentacampeón, sin mirar, de espaldas y de primera, apuró con un taco brutal; Luis Fabiano, vivo, esperando en el área, controló, se sacó a Nelson Tapia con arena en las medias, y adentro. ¿Luis Fabiano medio metro adelantado? No es una novedad para la Roja: a la FIFA.

Chile muestra bonitos destellos, la actuación tiene al hincha expectante. Y con nervios, porque cada avance de la visita es a zancadas y en tres toques tiran historia al rectángulo.

Lucho está jugando bien: ha leído las coberturas, se le ve preciso con el pase, supo salir jugando de taquito en la cara de Luis Fabiano, y tiene cortito a Ronaldo. En el gol *verdeamarelo*, el Gordo andaba escapado, fue culpa de lo mismo; el 9 brasileño no ha podido conectarse con el juego, e incluso osó chantajear al bueno del Lucho: el reconocido Fenómeno le prometió su camiseta si lo dejaba pasar una vez para convertir un gol. Ronaldo lo dijo riendo, aunque en serio. Fuentes, un tipo correcto, por un infantil segundito, igual se lo pensó. «La camiseta de Ronaldo», murmuró un breve instante. Pero el instinto del jugador es jugar, tener al frente al fabuloso centro delantero motiva, y el sabio y viejo inconsciente le sugiere que será eterno.

Cuarenta minutos con once segundos. Kaká profundiza largo por la izquierda; recibe Ronaldo en posición de extremo izquierdo, el balón abre los ojos de su ruta previo a la carrera, inclina el cuerpo y se prepara para cambiar de marcha. ¡Se viene el Fenómeno! Lucho Fuentes lo tiene *ojo al charqui*, e inmediatamente sale a achicarle la cancha, sin miedo a un duelo mano a mano, la faceta que ha hecho millonario al astro brasileño. La posibilidad de quedar enganchado y en ridículo es alta, los mejores marcadores han tragado pasto. Ronaldo ya es leyenda, el crack sabe aprovecharlo y quien lo cubre, generalmente, lo hace junto a todas las piruetas del pasado. Un crack lleva, aparte del talento, la imagen de sus memorias a su lado. Pero Lucho no ha perdido el paso de la respiración, está profundamente concentrado y disfruta de un momento único por el que se ha fatigado miles de días. El Nacional está repleto, porta la camiseta de la Selección, frente a la mejor Selección del mundo, compitiendo con el gran 9. Fuentes sabe lo que viene al frente, no es tiempo para dejarse impresionar, ni fijarse en la cuenta corriente, tampoco para ideas convencionales y suelta el plan que le nace: sin esperar el esperable amague del delantero, es él quien amaga. El zaguero, cara a cara, despista el tú a tú yendo a buscar hacia afuera, aparentando que anticipa el enganche del Gordo; Ronaldo, con agilidad, engancha hacia adentro, camino al área, pareciendo haber dejado en el camino a Lucho Fuentes. Se va para el arco, ¡se va para al arco!... El estadio enmudece mientras contempla que el Flaco Olarra es la siguiente valla, y entre Ronaldo y el Flaco, la apuesta parece obvia. El estadio, definitivamente, enmudece.

No obstante, al mismo tiempo que todo esto está ocurriendo, Lucho Fuentes ejecuta su plan: lleno de personalidad, simula una caída boca abajo y, una vez en el suelo, con las piernas estiradas, bloquea el trayecto y roba el balón; Ronaldo avanza... ¡pero sin la pelota!... y enredado y confundido se mira a los pies que han perdido su veneno. El Nacional expulsa el alivio, que de escépticos suspiros se transforma en ovación. ¡Espectacular! El jugador de Cobreloa se levanta rápido y *pecho paloma* sale tocando, como si fuera una pichanga de colegio. Cuarenta minutos con dieciocho segundos; la jugada nunca más terminó, se exponía al mundo: «La culebra» del Lucho Fuentes, un rebote más de imaginación callejera en el universo del fútbol. Una mañosa pirueta de esencia chilena.

Brasil mantuvo el pánico de Chile durante el resto del compromiso, pero Ronaldo nunca tuvo una clara. El Lucho nunca lo dejó. Chile inquietó, encerró a ratos a Brasil e hizo un partido serio, una cualidad irregular por esos años. No alcanzó para superar al campeón del mundo, pero al menos sí para llevarse un empate sobre la hora tras un penal de Cafú al lateral Rodrigo Pérez. Reinaldo Navia, que batalló y la mojó, se sacó las ganas fusilando a Dida. El partido terminó 1-1. Pizarro mostró potrero y condujo al equipo; Navia se hermanó con el gol; Luis Fuentes fue la figura material y espiritual del encuentro.

Lucho Fuentes se acostó repasando el partido en su cabeza, se emocionó y esbozó una pícara sonrisa al pensar en «La culebra». En el velador no estaba la camiseta de Ronaldo, sí un pan con palta. Hizo un resumen mental del esfuerzo, del rigor en cada entrenamiento y sintió el nervio de darse cuenta de que efectivamente había avanzado. Quizás ya no con la edad para firmar un contrato en Europa, pero sí para observar una sacrificada y honesta evolución. Se sonrojó al sentir orgullo de sí mismo. Luego durmió tranquilo. El sabio y viejo inconsciente no había fallado.

La estatura de Elías

La cercanía del ahora tiende a monopolizar la realidad, son las vivas sensaciones inmediatas. Aunque también es cierto que las figuras del ayer ensanchan sus virtudes abrazadas a la nostalgia. En ese juego dialéctico compite la verdad de las estaturas.

Elías Figueroa nació hace setenta años, demasiado tiempo para quienes no soportamos ni cinco minutos de un *visto* por WhatsApp. En un mundo intercomunicado sin intimidad, los años se convierten en distancias que se agrietan. Me pasa cuando escribo columnas por internet. Puedo contar la burda historia de un mediocre jugador de hoy y no sería raro que fuese bastante leída; sin embargo, la de un viejo héroe en blanco y negro, por más fascinante que sea, lo será mucho menos. La cercanía parece ser la mayor influencia de esta época, identificándola en imágenes rutinarias que rellenan una pantalla, rezagando la identidad de aquellos añejos pasos que han marcado y dado forma al camino.

Figueroa, por supuesto, impone huella fundamental. Y, lo que es aún más difícil de lograr, con sello de indiscutible.

El primer llanto lo dio en la magia coqueta de Valparaíso. Y así como la ciudad porteña se abre paso a través de los cerros inclinados hacia al mar; él debió sortear la geografía del destino para imponer su silueta en el tiempo.

A los dos años se le detectó una primera enfermedad al corazón y no mucho después se confirmó que el pequeño Elías sufría de asma. Es por ello que parte junto a su familia al interior de la Quinta Región, escapando de la humedad de la costa y buscando los nobles aires de la zona; primero Quilpué, luego Villa Alemana. La actividad física parecía ser un cuento de otros, pero los buenos protagonistas son así, indeterminables. Por supuesto a la pichanga jugó igual, sin restarse de la red social natural de la cuadra, mostrando condiciones desde el primer *arco peleado*.

Elías era demasiado bueno, espontáneamente bueno, tanto que parecía desenvolverse con resabio aristocrático junto al balón entre las cunetas de la polvorienta calle. No obstante, justo cuando le comenzaban a brotar sus primeras espinillas preadolescentes y su voz de mando ya era murmullo colectivo en todos los pasajes, sufrió un principio de poliomielitis, dejándolo un año sin poder caminar. Parecía ser el prematuro final de la distinguida promesa de barrio.

Sin embargo, se levantó testarudo y aprendió a caminar nuevamente. Y no solo eso, también regresó más bueno para el fútbol: no hubo una sola hora en la que no haya perseguido a la redonda en sus pensamientos. Postrado en una cama siguió jugando, e increíblemente, también mejorando.

Detallar la vida de Elías Figueroa no es el ejercicio de este texto, tampoco raspar el morbo de la realidad contando algo que no se sepa, pero sí situarlo.

Figueroa no era defensa central, tampoco quería serlo. Él, como todo manejado con la pelota, gustaba de hacerlas todas: volantear, dirigir con el semblante, corretear y quitar balones, descolgarse, llegar al arco rival y meter goles. Así jugó en la tierra y así también lo hizo en las inferiores de Santiago Wanderers, que lo fichó inmediatamente tras cinco minutos de prueba a los catorce años. Pero a falta de zagueros espigados, Figueroa, quien medía más de metro ochenta con quince años, terminaría cubriendo esa posición. Y marcaría época.

¿Qué tenía de especial Elías Figueroa? Exagerada calidad, calma, confianza e irresponsabilidad. No existe crack responsable. Y que no se entienda esto como ausencia de profesionalismo, pero es que Figueroa no cumplía rol prudente; apremiaba a su instinto, desafiaba a los mejores y engalanaba el moño con estética. Tanto así, que en su primer año como profesional, jugando a préstamo por Unión La Calera versus Colo-Colo, en área propia, cortó el ataque albo anticipando el centro con el pecho y luego, tranquilo, con el balón manso en sus pies, mientras más de veinte piernas lo rodeaban, encontró espacios entre ellas y, tras un doble túnel, salió tocando como un capo en medio del «¡OOOHHH!» de la multitud. Aquella jornada sería bautizado por el relator de radio Hernán Solís, como «don Elías». Tenía apenas diecisiete años.

Volvería a Wanderers al cabo de una temporada e inmediatamente agarró camiseta. Lo mismo ocurrió en la Selección chilena, siendo ya titular para el Mundial de Inglaterra 66. Su nombre rápidamente se convirtió en un eco continental y Peñarol, el gigante uruguayo, se llevó al chileno. En tierras charrúas aprendió el otro lado indispensable del fútbol: el barro villano, la maña. Figueroa tiene una cicatriz cerca de la ceja, se la hizo jugando en la liga chilena; de pollo, de buen cabro. En tierra oriental aprendió la astucia de una buena chuleta con pelota; la voz de mando desde el fondo; el indispensable palabreo al árbitro; la chuchada al oído del atacante enemigo; y el uso del cuerpo y de los codos al momento de ir a buscar un balón aéreo. Un hombre se hace hombre cuando no teme irse al infierno: Figueroa en Uruguay bebió whisky junto al diablo. Y nunca más se ganó una cicatriz.

Fue campeón dos veces y elegido el mejor jugador de la liga uruguaya en otras dos más. Parecía surreal que un defensa lograra eso, más siendo chileno, ¡más en tierra celeste! Pero cómo no cuando empequeñecía a los más refinados y potentes delanteros, además construía juego y contagiaba convicción.

La liga charrúa era fuerte, con dinero y llena de prepotencia platense, pero fue justo durante esos años en que el país comenzó a vivir una severa crisis financiera y los clubes ya no podían pagar lo que pagaban. Tras cinco años, llegaba el momento de emigrar. Nada más y nada menos que Real Madrid le acercó una propuesta, pero dignamente altanero, la rechazó. Elías no quería irse a España, él quería jugar con los mejores, y los mejores estaban en Brasil. No fue sino hasta el Mundial de 1982, cuando un futbolista brasileño fue convocado a su Selección militando en otro país. En la tierra de la samba estaban todos, con Pelé a la cabeza. Elías quería ir allá. Y el sueldo, incluso, era superior al que ofrecía el cuadro español.

En Brasil llegó la plena consolidación. Eran los años dorados de una liga que, por calidad, no había dudas, era la más fuerte del planeta. Y en esa liga Elías fue el mejor central, el mejor jugador, y campeón dos veces. Pelé fue elegido el mejor jugador de América el año 1973; Elías lo fue durante 1974, 1975 y 1976. No hay adjetivos.

El famoso «gol Iluminado» es, seguramente, la apoteosis de su carrera. El 14 de diciembre de 1975, Inter de Porto

Alegre jugaba la final del torneo brasileño contra Cruzeiro, y de su cabeza salió el único tanto del partido. El gol se ejecuta mientras un rayo de luz, en medio de un día nublado, baña su figura mientras Elías vuela a conquistar el primer gran título nacional para el club *colorado*. Los ochenta y dos mil asistentes que ese día llenaron el estadio quedaron atrapados frente a un Dios y a una imagen imborrable en la cultura religiosa de la pelota.

Mientras estuvo en Brasil definió su legado: «El área es mi casa, y yo decido quién entra a mi casa». Un defensa consular, de toda la cancha, ganador y que sabiamente conceptualizó una idea: «Al delantero debe guiarlo uno; ellos la llevan pegadita, pero hay un segundo en que siempre se les escapa: ese es el segundo del defensa».

Abrumado y cansado de la fama alcanzada en Porto Alegre, además ya sintiendo el peso de la distancia y el paso de los años, volvió a Chile en 1977. Palestino, un equipo humilde pero que armaba proyecto y contaba con buenos jugadores, soltó las chauchas y apostó por repatriarlo. Sería un acierto histórico del *tino tino*. Figueroa solidificó la defensa, rearmó la actitud del equipo y al cabo de un tiempo terminarían siendo campeones de Copa Chile, del torneo local y llegarían a semifinales de la Copa Libertadores. Brutal. Además, el equipo árabe mantuvo un invicto de cuarenta y cuatro fechas, el segundo más prolongado en la historia del fútbol. Elías, obviamente, fue clave para que ello sucediera.

Por la Selección jugó tres mundiales: Inglaterra 66, Alemania 74 y España 82. En ninguno, lamentablemente, la Roja tuvo mayor fortuna. Aunque bien vale consignar que en el Mundial de Alemania, pese a que Chile quedó eliminado en primera ronda, Elías Figueroa fue elegido en el equipo ideal.

Algo prácticamente imposible cuando una Selección se va tempranamente de la competencia. Y no había una gran marca detrás haciendo el lobby de la imagen. Elías era de verdad.

El gran mito alemán, Franz Beckenbauer se llamaba a sí mismo «el Figueroa de Europa». Y si bien con Chile nunca ganó algo importante, lo dejó todo, sin nada que reprocharse. Para el repechaje mundialista contra la Unión Soviética, en 1973, se fue a Europa desde Brasil en buzo luego de un partido, a regañadientes de los directivos del Inter de Porto Alegre, pagando él mismo su pasaje. Nada de exigencias divas, asientos en primera, premios anticipados o mimos regalones. Él quería estar y punto. Nunca le devolvieron la plata del pasaje, ni nunca la reclamó. Y llegó, jugó y fue la figura de la cancha en un 0-0 antológico.

Jugó también en Estados Unidos, en una época en que los grandes cracks mundiales iban allá a jugar sus últimos cartuchos; ahí estuvo, porque eso era él: un crack mundial. Sin embargo, no se retiraría en EE.UU., sino que lo haría en Colo-Colo, luego de un clásico empatado a dos con la Universidad de Chile. Ya no sentía las mismas ganas de entrenar, y aunque se la lloró toda, él dejó al fútbol y no al revés, como el grande que fue. Claro que el retiro en este caso no es más que algo semántico, ya que el sitio de Figueroa es atemporal e irreductible. Sí, Elías tiene estatura de inolvidable.

La pasión de Iona

—¡¡¡Pégale, pégale!!! —le gritaban sus padres desde afuera de la cancha. Sin embargo, ella, fiel a su estilo, distribuía el juego. Un pase aclarando el resto de los movimientos, un cambio de frente abriendo los espacios, un puñal filtrado entre líneas. La volante no dejaría de ser quien era, aun cuando la competencia no se tratase de un partido normal.

Más de dos mil muchachas en Quilín esperaban llamar la atención de alguno de los veedores que se paseaban por las distintas canchas. Chile había sido recientemente invitado a Suiza para participar de un torneo femenino juvenil sub 14 y se buscaba conformar una Selección para dicha competencia. Y ahí estaba ella, como una más de esa multitud de jóvenes futbolistas que soñaban con ganarse un cupo en la nómina. Por eso desde afuera los gritos continuaban:

—¡¡¡Pégale tú!!! ¡¡¡Muéstrate más!!!

No obstante, así no era su fútbol. Además, aun cuando ser considerada fuese el máximo anhelo que hasta ahí la vida le proponía, la heroína de esta historia contemplaba con delicia abrumada el trance de la pertenencia: era la primera vez que veía a tantas niñas como ella compartiendo la misma pasión, y todas ahí, reunidas en el mismo sitio. Nunca antes había sido tan feliz.

Para ella, Iona Rothfeld, el fútbol no fue una costumbre adquirida para involucrarse: al *arco peleado* del pasaje llegó sabiendo, sin pedir permiso. Darle con las piernas a la pelota resultó un fenómeno natural de su cuerpo, tan natural que lo construyó como su mundo. Mundo personal que compartía en interminables diálogos con el *nono*, su abuelo materno, quien le traspasó el cariño del juego sin género. Iona corría a través de sus primeras pichangas sin noción discriminada, ingenuamente como una más, peleando cada balón y *tocando simple y al espacio*, tal como conversó con el *nono*.

Sus viejos lo sabían bien: la chiquilla amaba este juego, para ella el fútbol era la medida de todo su tiempo y de sus primeros ahorros. Cómo no ofrecerse a ir a comprar el pan, si el premio eran algunas monedas sobrantes que luego se transformarían en álbumes, láminas y pelotas de plástico. La pequeña soñaba despierta entrando a un estadio lleno, haciendo paredes con Zidane.

Por eso su madre, quien tuvo que recorrer Santiago entero para encontrar una escuela de fútbol femenino años atrás, cuando Iona quiso seguir progresando pero ninguna academia la aceptaba por ser mujer, estaba desde la raya gritando como una barra brava:

—¡¡¡Dale, Iona!!!

Mientras, la joven convivía con el nervio apremiante de entender que en esos momentos se jugaba la gran oportunidad que nunca creyó tener. Siempre fiel hincha de la Roja, mascando la rabia viva en tiempos de don Choco y ahora encandilada con los primeros pasos del profe Bielsa, imaginaba que ella podría usar esa misma camiseta, representando al país, y eso la enloquecía. ¡Pero la enloquecía!

Y es que hasta ahí la realidad dominaba la decepción: el espacio para tener anhelos siendo futbolista mujer en Chile era mínimo, tanto como una sandía azul, tanto como una buena canción de Cristian Castro. Sin embargo, ahora se daba cuenta de que eran tantas: ¡qué contradicción! Amaba cada segundo de verse rodeada de todas esas iguales, pero a la vez sabía que eran su competencia directa. Y por más romántico que fuese el momento, ella era una futbolista, eso era lo primero. Jugó para quedar. Sin gambetas de sobra porque así no lo sentía, pero sí dando el pase justo y moviendo al equipo.

Y ya quedaban mil, y ella seguía. Y luego quinientas, y de a poco el temblor de lo posible. Y cien, y un ligero y refinado *conchasumadre, conchasumadre*, recorría sus pensamientos. Finalmente quedó entre las veinte seleccionadas para los entrenamientos. ¡No lo podía creer! ¡Era real! ¡Era real!... Claro que aún restaba timbrar el pasaporte. Tras un mes y medio de trabajo, de ese grupo solo irían trece jugadoras. Iona sería la última en subirse al avión. Llegó a su casa, se encerró en la pieza y abrazó su almohada, con escalofríos. Y lloró, a moco tendido.

Pasó el tiempo y la futbolista Iona Rothfeld ya se había convertido en una integrante habitual de la Roja femenina. Usando el número 10 y con un deslumbrante estado físico, desde la banda derecha hacía el trajín y mandaba asistencias letales. Definitivamente vivía el mejor momento de su novel carrera. El próximo gran desafío era el Sudamericano sub 17, que otorgaba cupos para el Mundial de la categoría en Trinidad & Tobago, el año 2010. La chiquilla coleccionista de álbumes y que en un principio no tenía un lugar donde entrenar, ahora se acercaba a un Mundial. ¡A un Mundial! ¡Un sueño! Porque ella siempre quiso ser futbolista, no diseñadora, ni doctora: futbolista. Iona, con la 10 y por la banda, era una carta fija del equipo.

Pero, ocurrió un imponderable de la juventud y de las frituras y los postres, en clave papas fritas y chocolates. Iona se fue durante algunas semanas de viaje de estudios con su colegio y «sí, me lo comí todo», reconoce al día de hoy. Un desliz que hoy resuena gracioso, mas, en aquel momento la dejó con pie y medio fuera del proceso. El cuadro chileno se tomaba las cosas en serio, ninguna regalaba nada y la exigencia era un mínimo común denominador. Al volver, su condición física no era la misma y tras cada pique la agitación se multiplicaba tres veces más que antes. ¡Lo que tuvo que correr para ponerse en forma! Y una vez más se subió por la ventana al avión, claro que ya no con la 10, sino que con la 13 y en rol de banca. Aquello para ella fue duro, ¡durísimo! Pero esa otra cara en sombra también es parte de todo esto. Y debió masticarlo.

Chile clasificó al Mundial después de obtener un sorpresivo segundo puesto en el Sudamericano. No porque no se creyera en ellas, más bien porque muy pocos sabían que todo ello estuviese ocurriendo y fuese posible. No obstante, las chicas habían trabajado durísimo y a conciencia. Solo una potencia como Brasil pudo bajarlas. Era la primera vez que un conjunto femenino obtenía pasajes para un evento planetario en cancha. Iona, con el dorsal 13 en la espalda, laburando desde la suplencia. Reconociendo en ello un aspecto que le sirvió para siempre: estar en la banca le regaló la mirada colectiva de este deporte. Sumar para el grupo, dar una palabra de apoyo a una compañera, dejar todo en el entrenamiento. Todo es personal, pero no siempre es lo más importante; así es el fútbol, y el significado de ese número 13 ya no era un agravio, sino un símbolo de crecimiento.

El debut sería nada menos que contra la Selección anfitriona. Sin lugar a dudas, el partido a ganar, puesto que en el grupo además estaban dos candidatas como Nigeria y Corea del Norte. Si Chile quería tener opciones debía dar el golpe a las locales. Los entrenamientos fueron extenuantes, al borde de las lágrimas, pero valía, claro que valía. Y después de estos, Iona se quedaba practicando tiros libres, porque tenía buena pegada y el técnico nacional estaba convencido de que esa vía podía ser un arma importante frente a las trinitarias. Rothfeld, *chocha*, nada le resultaba más agradable y nada definía mejor el placer que sentía por el fútbol que impactar el balón. Y pateó tiros libres, y pateó tiros libres, y pateó tiros libres.

Los días previos fueron de absoluta ansiedad. Algunos ratos en la piscina del hotel y una que otra guerra de almohadas arriba de las camas junto a la Fran, la Yanara y Pinilla. Eran breves momentos de volver a ser adolescentes; el resto era absoluta concentración. Iona fue sin computador ni distracción alguna: solo pensaba en el encuentro, en que Chile sumara los tres puntos y, obviamente, esperaba ingresar al campo de juego. A veces hojeaba el libro *Orgullo y prejuicio*, buscando las respuestas que Mr. Darcy tenía para darle; otras veces escribía, casi siempre del partido, y terminaba haciendo la pizarra. El partido lo jugó tantas veces…

El estadio Haseley Crawford de Puerto España estaba lleno, como nunca antes el equipo chileno había jugado, como todas ellas siempre soñaron hacerlo. Chile era un equipo de buen trato, con vocación ofensiva y saldría a lastimar. Ese era el plan. Lamentablemente, el ritmo de las locales fue abrumador en los primeros minutos y tempranamente quedaron en desventaja. Iona Rothfeld, desde la banca, se sentía desesperada. De a poco las chilenas pusieron la pelota abajo e hicieron juego. Llegaban y llegaban, pero sin embocarla. Iona quería ingresar, desesperadamente quería ingresar. Miraba el juego y se mordía los labios entre garabatos, *ponme, hueón, ponme,* sinceraba la oración hacia su técnico. Mientras sus ojos no le perdían pisada al encuentro, «¡Vamos, chiquillas! ¡Eso es foul, árbitro! Ahora canta esta gente, cuando se escapan a los pelotazos». Lo vivía con absoluta efervescencia.

De pronto salieron de la boca del técnico Ronnie Radonich, las palabras que con urgencia esperaba oír:

—Iona, a calentar.

El cuerpo de la número 13 se remeció. Jugaría, al fin jugaría en un Mundial. No pensó demasiado, solo se quitó la chaqueta que llevaba, repasó jugadas y espacios que creía que podían ser claves durante su estancia en el encuentro, y confiaba ciegamente en el empate.

A los setenta minutos de juego y cayendo 0-1, ingresó a la cancha. Entró desajustada, nerviosa, sin ritmo. Pero de a poco se fue soltando, sobre todo una vez que sintió el contacto de sus pies con el balón, ahí vino la memoria de los años. Mas, justo cuando su cuerpo se estabilizaba y la respiración se coordinaba, un descuido defensivo de las chilenas entregó el 2-0 para Trinidad & Tobago. Todo se desmoronaba.

Pero ¿definitivamente? Después de tanto sacrificio, ¿podían simplemente rendirse? Todavía quedaban varios minutos.

—¡Vamos, vamos! —comenzaron a arengarse entre todas.

La Roja insistía, pese al mazazo que significó el segundo tanto en contra. Las chilenas no bajaban los brazos. Faltando tres minutos para el final, el estadio era de absoluta algarabía. No lucía así el rostro de Iona Rothfeld, quien concentrada como jamás alguna vez lo estuvo, estaba parada frente al balón. Segundos atrás las trinitarias habían cortado el avance nacional con falta. La distancia era aproximadamente de treinta y cinco metros. Una eternidad. Un tiro libre más, podía pensarse; un centro llovido al área, lo más recomendable. Iona no lo entendía así. Había trabajado mucho para esto y, si bien el arco estaba lejos, tampoco quedaba tiempo y se tenía fe. Depositó el *cuero*, contó los tres pasos hacia atrás, inhaló, exhaló, se dejó llevar, soltó carrera y afiló el derechazo: el esférico viajó como un rayo, a toda velocidad, en estilo Juninho Pernambucano, en estilo Iona Rothfeld: ¡AL ÁNGULO! ¡¡GOLAZO!! El estadio quedaba enmudecido lo suficiente como para escuchar al fin los primeros *ceachí* del par de chilenos que hacían patria en la cancha. Infaltables. Y de ahí hasta el final, esos *ceachí,* junto al sonido del ímpetu de las chilenas, serían lo único que se escucharía. Los pensamientos de Iona apenas festejaron el gol, solo repetían *el balón, traigan el balón.* Chile iba por el empate.

Y fue en esa dinámica que se abrió la puerta: una vez más falta a favor de Chile, esta vez a unos veinte metros del arco, cargado a la banda izquierda. Iona no dudó y fue a buscar la redonda. Apoyó la pelota en el césped, la que acarició un momento, conectándose con el refugio de su lenguaje. Miró la barrera, detectó la posición de la portera y dio, ceremonialmente, los tres pasos hacia atrás. Inhaló, exhaló, corrió y tiró la bomba con el interno, secuestrando un resto de empeine: sintió bien el golpeo, el balón voló en curva, pasó la barrera, la arquera rendida, se canta el gol, se canta el gol… TRAVESAÑO… ¡¡TRAVESAÑO!!… La pelota pegó en el travesaño, ahogando cruelmente el grito de gol que ya iba en la lengua. El balón quedó suelto en área pequeña, una defensa rival se apuró y sin conciencia estética despejó a cualquier lado. Había sido la última jugada: sonó el pitazo final. Chile caía 1-2.

El impacto en Iona fue grande; lo vio gol, acarició el empate, se divisó brevemente festejando..., pero no: yacía en blanco en el camarín o caminando en neutro por los pasillos del hotel. «Si hubiese puesto la pelota un par de centímetros más atrás...», aún se remuerde hasta hoy, casi todos los días. Son los centímetros del fútbol, los contrastes de su exageración y la vitalidad de su inmortalidad. Es vivirlo en serio. Cada vez que le hablan de aquel partido le mencionan el golazo que hizo, ¡un golazo en un Mundial! Ella agradece con una tímida sonrisa, e inmediatamente aparece el gol que no fue. Quizás se castiga demasiado, pero así es la gente apasionada.

Hoy persiste atadamente enamorada al fútbol. La pena se limpió jugando. Y sigue fiel a su querido número 13, como símbolo de que todo es personal, pero no siempre: actualmente da la lucha por deslindar los prejuicios acerca de la práctica femenina, con portazos e indiferencia encima, pero no cede, pues lo abraza como todo lo que para ella es: su tiempo, su causa de expresión, su vida.

Cuando el Superman Vargas le tapó
el penal a Chilavert

Esta es una historia que de golpe se volvió antigua; el éxito de hoy, también los días que transformados en años se vuelven tiempo. Quizás por eso sea oportuno ir a su rescate y, aprovechando la distancia, agregarle un poco de cuento. La siguiente crónica tiene fútbol, pica hermosa y sabrosa revancha. Vida humana al borde de pulsaciones. Acá vamos.

José Luis Chilavert trota con el pecho inflado, haciendo llorar al pasto, de un área a otra; su cuerpo está grueso, debería sacarle las miguitas al pan y la Coca-Cola al whisky, aunque la chapa de ídolo sigue intacta. Va cruzando la cancha en una escena habitual que le ha dado fama mundial. El público del «Defensores del Chaco» estalla segundos antes, pero al verlo salir de su arco la explosión incendia todo Paraguay. El estadio como que tiembla. Hay penal a favor del local y es el portero de Vélez Sarsfield el encargado de la ejecución.

En la portería rival lo espera Sergio Bernabé Vargas, el «Superman». Vargas es argentino, pero lleva casi diez años en Chile. El formado en Independiente de Avellaneda ha realizado el núcleo de su carrera profesional en la Universidad de Chile, y es en esta tierra donde ha conseguido su prestigio, siendo considerado en seis ocasiones como el mejor guardameta de la liga local, marcando toda una época. Chile también es el lugar donde han crecido sus dos hijos. Es amado por los hinchas azules, lo putean los demás; esto último es parte del «folclor», así lo entiende, no pasa nada, se caga de la risa. Y si bien el tono *che* sigue presente, poco a poco, el hueón agarra terreno. Con todo, entiende igualmente el recelo de parte de algunos que ataje en la Selección, por eso trata de irse piola, sin tanto barullo. Ahora bien, la mayoría, indistintamente del color de la camiseta, reconoce que es de esos extranjeros que ha dejado huella y que los pesos se los ha ganado bien.

Durante mucho tiempo hubo intentos por nacionalizarlo pero él no quería rollos, no quiso ir de oportunista. Hoy, con un Chile cómodo en los últimos lugares de la tabla, cuando ni la calculadora funciona y con medio equipo renunciado —ya no es «vitrina» ponerse la Roja—, pone el pecho y da una mano.

El partido se presenta como un mero trámite para los guaraníes, quienes marchan segundos en la tabla, camino al Mundial de Corea y Japón 2002, con 23 puntos; 13 más que la Roja, que ya cambió de técnico durante el camino (Nelson Bonifacio Acosta renunció de manera «indeclinable» tras tres partidos perdidos al hilo, y un jugo hasta el alma en el Nacional frente a la Argentina de Bielsa). En la banca chilena ahora se sienta el carismático Pedro García, un DT que resume el atrevimiento táctico nacional de los años ochenta. En pleno apogeo del PlayStation, volvemos al Atari. Chile es solo una suma de voluntades en el campo de juego, esperando una mágica combinación entre los más talentosos, mientras se aguarda al rival con una nutrida estructura defensiva.

No obstante, hoy existe más dignidad que nunca: el equipo ha plantado cara y le ha quitado la pelota al dueño de casa.

No hay mucha profundidad, pero el encuentro se soporta con ratitos de tenencia, que, aunque no dañan demasiado, entregan la sensación de control. Los chilenos están dejando la piel y jugando concentrados como si se tratase de una final. No hay rebeldía, pero sí al menos mucha dignidad. Incluso un remate de Cristián Montecinos en el primer tiempo pasó cerca del palo de Chilavert, y a los cincuenta minutos Pablo Contreras, que las hace de lateral derecho, tiró un centro. Para los cánones de los tiempos que corren, Chile hace partido.

Superman, por su parte, ha estado atento a todas las que le han llegado. Y ha sabido gritonear a la defensa y al improvisado mediocampo de contención (Pozo, Osorio, Villaseca), ordenándolos, levantando la sangre. El arquero no solo tapa, también interpreta desde su posición el desarrollo del juego, y Vargas está implicado, porque así lo vive, y también porque este partido para él es especial.

Sin embargo, a los cincuenta y ocho minutos llegó nuestro amigo de toda la vida: el saqueo. El árbitro Rodrigo Bobadilla vio a un *albirrojo* caer por primera vez en el área y cobró el penal de inmediato, sin pensárselo. Las tribunas paraguayas explotaron inmediatamente luego de la sanción. Ya sienten el gol mientras avivan el coro junto al ceremonial trote de su portero, quien sale desde su refugio para cobrar la falta. El Defensores del Chaco se mueve, realmente se mueve. Los jugadores chilenos reclaman airados, nos acaban de meter la mano en todos los bolsillos una vez más. ¡La puta madre!

José Luis Chilavert llega canchero a cobrar la pena máxima. El ambiente es estruendoso, saben de la efectividad del zurdo y el semblante del portero es de plena confianza. Quizás mucha, y eso molesta. Al arquero paraguayo se le conoce la arrogancia, una que se ha ganado a punta de peleas diarias con periodistas, jugadores, técnicos, hinchas, dirigentes, con todos, y según él, siempre lleva la razón. Y también porque se ha llenado de títulos y distinciones personales. Chilavert no es cualquiera: es el arquero más reconocible del fútbol sudamericano, un ganador y un villano necesario. Precisamente con el arquero que ahora tiene al frente ya tuvo un encontrón hace algunos meses, instalándose el morbo y la llama instantánea.

Se jugaba la Copa Mercosur en el estadio Santa Laura entre Universidad de Chile y Vélez Sarsfield, el equipo argentino donde ataja Chilavert. Durante el cotejo se pitó un penal a favor del cuadro chileno. Superman Vargas detestaba el modo en que el paraguayo celebraba los goles a sus colegas guardametas: gritándolos a la cara. Cada penal o tiro libre convertido por Chilavert es planetariamente difundido, y la escena no cambia: grita los goles a la cara. Vargas, al ver la oportunidad, quiso cobrar venganza por el gremio. Corrió rápido, cruzó el campo y pidió patear el penal. Sin embargo, su petición fue desestimada, siendo finalmente Rodrigo Barrera el que cobró y mojó. Terminado el partido, se le consultó a Chilavert por la intención que tuvo Vargas, y este, con ironía, contestó: a este pobrecito le falta mucho para alcanzar mi nivel. Lo había llamado «pobrecito». Intragable.

La afrenta sigue encima, latiendo sin pausa hasta esta noche del 2 de junio de 2001, cuando están cara a cara.

El arquero y capitán paraguayo se prepara para patear. Busca la concentración. Sabe que convertir el gol es asegurar el Mundial. También sabe lo que hará luego de eso: se lo gritará en la cara. Pero, justo en ese momento, es interrumpido por el lateral izquierdo de la Roja, Eros Pérez. Pérez quiere distraerlo, quitarle la serenidad, ponerlo un poco nervioso, así que le menciona el nombre de Hernán Castellano, un conocido *atajapenales* trasandino que pocas semanas atrás le contuvo un penal a Chilavert. Eros le asegura que Vargas es tan bueno deteniendo desde los once metros como Castellano. Chilavert, suelto de cuerpo, le responde:

—Eso no va a pasar, *chiquilín.*

El término «chiquilín» descompone definitivamente al siempre respetuoso lateral, quien le devuelve la gentileza con un sobrio, elegante y nacional:

—Se te va a ir, guatón culiao.

Paralelamente, Vargas, sin achicarse, se pone el dedo índice en los labios, indicándole a la galería que esta no será la ocasión de celebrar. Superman, deliciosamente confiado, llama al silencio. La atmósfera es intensa, tensa, apasionante.

Chilavert comienza la carrera; Vargas lo espera. Chilavert está llegando al balón; Vargas sigue aguantando. Vargas no da señales de movimiento; Chilavert se ve atrapado y, ya encima de la redonda, no tiene más remedio que improvisar un remate cruzado que no es del todo cruzado. Vargas lee perfectamente el recorrido y vuela al mismo lugar del balón: entre mano, rodilla y estómago, la manda al tiro de esquina. ¡¡La tapó!! El Defensores del Chaco, como organismo colectivo, se perturba, y en medio del silencio Superman Vargas se levanta y con toda la furia contenida sale a gritárselo, a gritárselo a la cara, junto a un poético «¡¡¡Toma, conchetumadre!!!», bien *achileneao.* Es un desahogo y una viva revancha. Y también una nueva adopción de pertenencia. El equipo chileno completo se abalanza a Superman, quien le sigue gritando a Chilavert, lo mismo que Eros Pérez, y al igual que todos en Chile. El orgullo no estaba apagado.

Lamentablemente, en los descuentos, tras un tiro de esquina, Carlos Humberto Paredes ganó por arriba un cabezazo, en la especialidad de la casa y en la fatalidad propia, y clavó el definitivo 1-0. Quedaba un cambio más, se pudo haber hecho algo de tiempo, pero nuestro amigo Pedro García ni en la maña atinaba. La desolación de Vargas, que lo había tapado todo, fue enorme. En el último instante, todo se había arruinado. Aunque no todo, porque las emociones valen más que un resultado, superan al tiempo, y ese penal del Superman Vargas es mirar al pasado y abrazarlo.

Transcurridos los años, Sergio Bernabé Vargas confesó con humildad: «Es un momento que guardo como uno de los capítulos importantes de mi carrera». Y quienes lo vimos, lo recordamos. Y los que no, pueden darse cuenta de que entremedio de una derrota también existe la épica, e historias pulentas.

Maldito Valdano

«Si se queda, será el quinto extranjero», fue la categórica declaración, delante de todos los medios, del recién asumido técnico del Real Madrid, el argentino Jorge Valdano. Corría julio de 1994 y, con un máximo permitido de tres extranjeros en cancha, los días de Iván Luis Zamorano Zamora en el gigante madridista parecían haber llegado a su fin. Desde Chile la conmoción fue inmediata: el gran ídolo nacional era públicamente apartado del equipo que por esos días consumía la expectativa de cada uno de nosotros. O, mejor dicho, apartaba al hombre en el que proyectábamos la cercanía con el mundo y los sueños compartidos. Real Madrid era el símbolo del mundo; Zamorano representaba la travesía de los anhelos. Sin embargo, ahora, nuestro compatriota era tempranamente exiliado, viviéndose el proceso amargo de esos días como un periplo quieto y humillante.

«¿Adónde irá Iván?», era la pregunta frecuente por estos lados en periódicos, noticieros o cualquier conversación coloquial. El Stuttgart alemán pujaba con fuerza, pero la mueca invadía el rostro de cualquiera, confirmando en ello el obvio retroceso que significaba en la carrera del delantero.

Zamorano, un muchacho delgado, de apariencia desgarbada, cabello firmemente oscuro y melena *pichangosa* cayendo sobre su espalda, remó desde el silencio, sin el mote de promesa. Se trataba de un jugador con condiciones, pero que no maravillaba. Claro que fue acaso esa ausencia de talento desbordante lo que provocó en él su principal cualidad: la fortaleza de carácter. Y con el carácter erguido, el sentido de superación, la base de su orgullo.

Rechazado de juvenil en Colo-Colo, no cedió en la promesa que alguna vez le hizo a su padre antes de que aquel, cuando su hijo apenas tenía trece años, dejara este mundo. No alcanzarían a conversar del primer beso, pero sí de goles, estadios llenos y una multitud de relatos plagados de magia cotidiana alrededor de la pelota. Agotar la ilusión era extinguir el diálogo con ese viejo y querido mejor primer amigo.

Hizo la ruta larga, acaso más anónima, debiendo buscar fortuna en el norte del país, en pleno desierto. Lo que para muchos podía ser un sacrificio, para él era la tan valiosa y esquiva oportunidad. Cobresal y Cobreandino confiaron en él. Y, recibiendo de primer sueldo seis billetes de luca, se compró un blue jeans en cuotas. Miserablemente adorable.

De a poco afinó el remate, engruesó su envergadura y potenció su arma letal: el cabezazo. Zamorano podía ser técnicamente suficiente, pero su capacidad de salto era absolutamente un arte sin tiempo. Y fue así, suspendido en el aire, como su nombre poco a poco cobró prestigio internacional. La Selección chilena en breve pidió una cita, que al cabo de los años sería más que un simple romance. Europa, por su parte, también llegaría buscando a ese goleador formado en las canchas de tierra de Maipú.

En el Viejo Continente su primera escala fue para enterrar la vanidad de cualquier muchacho tibio: el técnico del Bolonia, Luigi Maifredi, no se dio por enterado de la reciente compra de su club y desechó darle cabida en el equipo. Hay que decirlo: el pasaporte chileno no vendía confianza y, bajo el escepticismo del clasismo de las nacionalidades, no hubo prueba que lo convenciera. No obstante, Zamorano no se derrumbó y fue en el Saint Gallen suizo donde durante tres temporadas embocó regularmente cada fin de semana. No se trataba de un fútbol más competitivo, pero sí de un espacio intermedio para confirmar sus progresos. Zamorano no era tibio, tenía fuego.

Los múltiples goles en Suiza lo llevaron a un sitio indispensable para entender la carrera de Zamorano: Sevilla. En el cuadro hispalense demostró que la liga española no le quedaba grande, y si bien sumó diversas lesiones que mermaron sus números, el cotejo de sus actuaciones llamó la atención de un gigante, el Real Madrid.

Inevitablemente, la llegada del delantero al conjunto merengue provocó una ferviente y afiebrada expectación nacional. Aquel Chile de perfil tímido, secuestrado en rol de isla, atado a perdones por decreto y a un futuro ligado por el desarrollo vomitivamente numérico, al fin presenciaba cómo una parte suya, desde el espacio humano, figuraba en el planeta. Aprovechando la convergencia popular del fútbol, Zamorano señalaba el camino de lo posible y reconfiguraba la noción de orgullo. A Zamorano no lo empujaba el *pituto*, sino el descaro de conseguirlo y el pundonor de un trabajo sudado.

El primer año convirtió treinta y siete goles, veintiséis en liga, y el campeonato quedó a minutos tras una dura derrota en la última fecha en Tenerife. Sin embargo, a pesar de no lograr el título, la campaña fue un espaldarazo para el chileno y desde estos lados los partidos del Real Madrid se transformaron en panorama nacional. Con ingenua sinceridad, sin sensación de asedio por la globalización, compartíamos el destino de ese equipo de Benito Floro, Fernando Hierro, Manolo Sanchís, Paco Buyo, Emilio Butragueño, entre otros. Todos sabíamos de Iván, y de pronto hasta la cazuela de su madre, la señora Alicia, era tema cultural.

Lamentablemente, su segundo año fue un completo fracaso para el equipo y también para Zamorano, quien incluso estuvo más de quince partidos sin convertir. Era terrible, porque si bien el fútbol es un juego colectivo, la mirada de nosotros se concentraba y extralimitaba en el 9 chileno. Corríamos con él, escupíamos con él, anotábamos y celebrábamos con él..., y, ahora, mordíamos la rabia y el desconsuelo. Pelota que tocaba, pelota que iba afuera. Finalmente se sacó la mala racha, pero la prensa hispana no se lo perdonaría. Y Valdano tampoco quería hacerlo para la nueva temporada que se avecinaba. La historia parecía quedar trunca y con final mordido. ¡Maldita mala racha! ¡Maldito Valdano!

Aun así, Zamorano sabía dónde estaba parado y no dejaría escapar su chance sin luchar, esperando, además, que el destino le abriera una ventana. Porfiado. Por lo demás, jugar con Laudrup, Raúl o Redondo no lo achicaba, al contrario, lo espoleaba a más. Y él quería eso, no acomodos para abajo.

El fax desde Manchester decía lo que nadie esperaba luego de las avanzadas negociaciones: Eric Cantoná no se movía de Old Trafford. Valdano, pálido, debió reintegrar a Zamorano, quien finalmente se subió a la micro por la parte de atrás, colgando desde la puerta.

Cara de perro, laburo intenso y sin espacio para respirar de más, Iván se ganó el respeto de su nuevo jefe a punta de lo que era: un humilde con hambre; un hueón soñador.

A los catorce segundos del primer partido de la campaña, en Sevilla, puso el primer gol de una temporada que sería mágica. Con él como punta de lanza, Real Madrid conquistaría el campeonato de liga, configurando pasajes inmortales como aquella goleada 5-0 en el Santiago Bernabéu al Barcelona, el gran rival y vigente tetracampeón, con tres goles suyos, una asistencia y otro tiro en el poste que tras el rebote también terminó en gol. Estuvo en todas, fue descomunal. O como cuando convirtió el tanto definitivo frente a su escolta, el gran Deportivo La Coruña del inolvidable Bebeto, en una cancha que explotaba a cinco minutos del final: control de aire con el pecho, acomodo del cuerpo y zapatazo cruzado con el alma; y tras guante y palo, la malla con la copa. Bello, agobiante y delicioso, en tiempo de desquite. Además, se convirtió en el *pichichi* de la liga 94-95 con veintiocho tantos. Todo un hito para el fútbol chileno. El maldito Valdano, el mayor enemigo que tuvo Chile durante una época, ahora lo ensalzaba.

Zamorano, porfiado, le dio la vuelta a su destino.

El Matador

En la ciudad de Temuco, un 24 de diciembre de 1974, nació un jugador espectacular, un fenómeno. No hubo que llevarlo de a poco, él iba adelantado, como un prodigio, barriendo con el escepticismo de los tópicos comunes, esos que hablan de paciencia y madurez.

No lloró al distanciarse de su familia cuando llegó a Santiago, perseguía lo que amaba, con deseo hirviente y terca firmeza araucana. A los dieciocho años clavó su primer gol en la ruda Calama con el equipo de sus amores, Universidad de Chile, y se fue esparciendo el rumor. Un par de meses después, a Nacional lleno, tres *pepas*, en el clásico frente a Colo-Colo, quemaron el codo norte, lugar habitual de la barra alba, y al sur, colmado de azules, le aparecía un nuevo héroe, el «Matador». Sería cosa de meses para que también se vistiese de rojo, y al primer toque: una estocada frente a la albiceleste de Maradona. Nunca en pequeño, sin permiso, como galán confiado, a primera vista.

La cima de Chile dos veces con su club y un paso revolucionario, de perfil cultural: adueñarse de la admiración trasandina. El eco del complejo retumbaba con fuerza dentro del coloquio patrio. «En Argentina desaparecerá», se expresaba con temor. Y aquella percepción de cordillera infranqueable lo confirmaba el talante engreído del técnico argentino Carlos Salvador Bilardo, quien bajó el pulgar ante su llegada a Boca Juniors por tratarse de un «chilenito». Las negociaciones estaban bastante avanzadas, pero Bilardo puso la duda, varias comas y la exigencia de una prueba. Salas, ya seleccionado, bicampeón nacional y reciente figura de la última Copa Libertadores de 1996, ofendido, diría que no. Aquello no lo amilanó, por el contrario, lo llenó de rabia, cruzando inmediatamente la vereda cuando el interés ahora procedía del otro gigante trasandino, River Plate.

En el conjunto Millonario convirtió su nombre en impacto planetario. Recién en la sexta fecha tomó la camiseta de titular, coincidentemente, en la Bombonera contra el Boca de Bilardo. ¡Bella revancha! ¡Bendito fútbol! Su gol era una obviedad divina. Lo celebró como siempre: rodilla al suelo, dedo índice al cielo. De ahí en más, sacudió la malla en todas las importantes, ganándolo todo, con él como eje total. Desde las tribunas caía como cascada el *¡¡¡Chileeee-Chileeenoooo!!!*, que nunca antes habíamos oído y que, para quienes vivimos este juego con romance atemporal, seguimos oyendo.

Paralelamente, en la Selección chilena se vestía de inmenso para las bravas, como aquella «final» frente a Perú en la penúltima fecha del camino a Francia 98. Salas hizo tres de los cuatro goles, mostrando escudo y garabato. Junto a Iván Zamorano conformó una dupla ofensiva inolvidable, liderando los pasos a un Mundial luego de dieciséis años de ausencia. En ese Mundial convirtió cuatro goles, dos de ellos a Italia. Sería justamente Italia su siguiente destino. En una tonelada de billetes, Lazio, que irrumpía como el nuevo rico del mercado, se llevaba al mejor jugador de América. Salas firmó y, a los pocos días de aquello, silenciaba Wembley dos veces en un inolvidable encuentro de la Roja frente a Inglaterra, dejando su imagen, llena de gol, para siempre.

En el cuadro romano fue estrella y campeón, siendo su retrato más vendido que el de cualquier santo afuera del Vaticano. El Calcio, la liga más poderosa de la época, estaba a sus pies. Y así apareció el salto natural: Juventus. Paradójicamente, sería el comienzo del declive: una cruda y grave lesión a las pocas fechas terminaría con el ascenso cuando apenas tenía veintiséis años.

El Matador era un delantero de estatura media, espalda ancha, movimientos estéticos y carácter fiero. Sin ser rápido, poseía una aceleración explosiva a la que sumaba un control exquisito. Su capacidad técnica iba en el borde lírico y la capacidad asociativa presentaba una inteligencia abismal. Él no necesitó de un Guardiola para comprender las pausas, hacer el retorno al compañero y picar; Salas, en sí mismo, brindaba el ritmo de juego. Descendía y filtraba el pase en la selva. Y pisaba el área sin que nada le temblara, definiendo a un palo con suavidad, o con una bomba de empeine cerrado, o con un cabezazo de ojos abiertos.

Tras la lesión, a su juego se le restó agilidad, pero aun así seguía marcando ostensibles diferencias con el común de los jugadores. No obstante, el freno causó que su destino de dominio global se fracturara.

Partidos y goles épicos tiene demasiados, incluso en el ocaso de su carrera, como ese par de goles en el estadio Centenario, cuando hizo de traductor de carácter entre Bielsa y el resto de muchachos que luego lo ganarían todo. Sin embargo, es justamente en ese espacio poco recordado, luego de la lesión, donde pretendo cerrar esta pequeña y general semblanza.

Era 24 de agosto de 2003. Nos bajamos del taxi y corrimos a toda velocidad a sugerencia del conductor. «¡Y no digan que son chilenos!», fue el último mensaje que escuchamos antes de cerrar la puerta. Con la María, la polola que tenía por esos años, nos habíamos arrancado a Buenos Aires en una aventura persuadida por el ídolo. El viejo estadio Doble Visera en Avellaneda como escenario y nosotros bajo el éxtasis de poder, al fin, experimentar en carne propia el significado del delantero en tierra *che*. Salas había regresado de Juventus para jugar nuevamente en River Plate. El técnico chileno Manuel Pellegrini dirigía el banco de la *banda sangre*. Y también estaría el Flaco Olarra, sumando yapa, en la defensa de Independiente. Un partido, para nosotros, sumamente emotivo.

La María no es que fuese una gran apasionada por el fútbol, pero si existía un jugador que le movía el gusto, ese era Marcelo Salas. «Nunca cambió el acento», aseguraba, y era esa conservación del yo primario —mientras este estuvo jugando en Argentina— lo que para ella iba a la vanguardia de todo. Claro que disfrutaba de sus regates y definiciones, «el gol en Wembley es la cagá», decía, pero lo que más le gustaba de Salas era eso del acento. Su vuelta a Buenos Aires renovaba la ilusión de reencontrarse con la mejor versión del «Shileno», como popularmente lo bautizó el popular relator Marcelo Araujo. Y también con sentir, una vez más, cómo este compatriota sometía a la cordillera hablando en chileno. Se desempolvaba la nostalgia de una idea y ahora queríamos vivirla. «Vamos», fue todo lo que tuve que decirle.

El viaje, además, se vestía alrededor de omisiones que algunos llamarán mentiras, otros dirán jugarretas, qué importa; de lo que no cabía duda era de que sumaba adrenalina: ni ella ni yo, que teníamos dieciocho años y todavía vivíamos con nuestros padres, les contamos que haríamos ese viaje, ni siquiera una insinuación. Simplemente nos fugamos en nuestro primer gran romance aventurero. Era fútbol, era amor y era el Matador.

La platea llena y el verso futbolero en toda su expresión: *líneas, esquemas, tácticas* y frases que arrinconaban todo a la pelota. Y cuando desde los altoparlantes nombraron al número 11 de la visita, se entendió su significado: la mayor puteada fue para el chileno. El orgullo no cabía en nosotros, ridículo al tratarse de una puteada, pero que reafirmaba la importancia que tenía el nuestro, algo que palpamos durante esos días en todos lados. «Es un jugador maravilloso», «Ese chileno es fantástico», nos repetían en todas partes, sobre todo cuando nos escuchaban diciendo «hueón». Salas era la referencia, con él nos relacionaban, de él nos hablaban.

El partido tenía dos velocidades: la del 11 de River y la del resto. Y el ambiente, lo mismo: la frecuencia de los suspiros se ahogaba cuando el Matador controlaba de zurda, estirando el mapa. Había que verlo, estar ahí, comprender el juego desde la cancha. Cada vez que el Flaco Olarra tenía el balón en sus pies, inmediatamente la tribuna exclamaba «¡reventala!»; pero cuando era el crack de River quien se apoderaba del cuero, al instante habitaba un silencio mordido entre desesperación y admiración. Claro que, una vez que el Matador anotó de cabeza, el odio expulsó las pasiones y desde ahí el garabato no cesó en contra del delantero. Nosotros, que no pudimos festejar el gol que tanto fuimos a ver, nos apretamos las manos y lo gritamos adentro de un beso. Desde la galería visitante se escuchaba el «¡¡Chileeee-Chileeeenooo!! ¡¡Chileeee-Chileeeenooo!!». Eso fue increíble.

El partido terminó empatado a dos. Apenas un detalle.

Al día siguiente, el Matador era la portada de todos los diarios. En la imagen estaba junto al Flaco Olarra, quien durante el juego le hizo un descarado penal no cobrado. Ahí se veía cómo el otro chileno lo bajaba con brazo, rodilla y cara de santo. Con maña el Flaco, hay que decirlo.

La vuelta fue dulce, más allá de que nos tocaba pagar deudas y afinar el cuento de dónde estábamos; íbamos uno al lado del otro, repasando días de largas caminatas, un tango mal bailado, tres noches de desnudos y alfajores, la exquisita malicia del vicio correcto, y las jugadas del gran ídolo, el Matador, José Marcelo Salas Melinao.

Una historia sin flash

Miró la prueba y sin vacilaciones dijo para sí mismo: *Cagué*. No sentía culpa, sí resignación. La tarde anterior se fue a pelotear con los amigos de siempre a una callecita de Viña del Mar; esos partidos sin tiempo, de goles permanentes y cuneta válida. Cuando la calle era de todos, no solo de los autos. Respiró profundo, pasó una de sus manos por la cara, mientras sentía ese escalofrío que baja por la espalda cuando lo que viene es brumoso y aparentemente desafortunado. Las ecuaciones estaban ahí, al frente suyo, bailándolo. Qué podía hacer sino acatar, de momento, la realidad y esperar algún milagro que le regalara la memoria. Rebuscó para atrás tratando de encontrar algún ejemplo de la clase que le ayudara, alguna idea oculta, alguna frase suelta, mas, nada, cero, vacío infinito: estaba en la B, descenso anticipado.

Sin embargo, justo cuando se disponía a entregar la prueba y abrazar el infalible rojo del mes de mayo, ocurrió el milagro: un papel caía desde atrás... con la fórmula.

Sudoroso, bajo la adrenalina del peligro, lo observó rápido, sin entender absolutamente *ni una cuestión* e hizo la transcripción. No era toda la prueba, pero al *cuatreli* llegaba. Entregó el par de hojas y al salir de la sala suspiró un sincero: «Me rajé».

El papel, por cierto, no llegó porque sí, sino que se trataba de un legado futbolero que partió antes, mucho antes, cuando todavía vivía en el humilde pueblo de Cabildo.

Simón nació en Santiago, pero prontamente se mudó ciento ochenta kilómetros al norte; sus padres habían iniciado un negocio minero en la comuna de Cabildo, al interior de la región de Valparaíso. Entre almacenes que fiaban, pasajes de tierra y días que siempre se parecen al anterior, fue creciendo. Y también jugando a la pelota, porque si algo caracteriza a Cabildo, como a otras tantas comunas de Chile, es que buena parte de la conexión del barrio radica en el balón y sus historias. Así amagaba las mañanas en el Liceo A-2 de Cabildo, esperando ansioso a la tarde e irse a pichanguear con el Chino Segura, quien le rejuraba que algún día sería jugador de fútbol y daría la vuelta con el poderoso Cobreloa, el equipo que mandaba en los ochenta. Simón no pretendía quedarse atrás. Al poco tiempo debutó en el maicillo del Morumbi de Cabildo, jugando por Los Barrabases, persignándose antes de entrar a la cancha.

Pero esos días felices llegaron a su fin de un plumazo cuando su familia decidió mudarse a Viña del Mar. No era solo un cambio de casa ni de ciudad, se trataba de todo un estilo de vida. De saludarse todos con todos, del silencio como norma, de la igualdad que da estar revueltos; a una ciudad de paso rápido y sectorizada. Y así pasaba de un chaleco sin aplicaciones, a la chaqueta tradicional de los Padres Franceses.

Tímido y aturdido, hizo ingreso a unas costumbres que le parecían rebuscadas. Sin embargo, bastó un recreo para derribar ese maldito lenguaje superficial; después de todo, el fútbol es el fútbol en todos lados. El A contra el B, treinta por lado, y la guerra timbre al timbre. Simón llegó al A, curso que hasta ahí nunca había logrado derrotar a su clásico rival, no obstante, en ese recreo ganaron, y sería con un gol lleno de olor a maicillo de Cabildo. Jamás lo olvidaría. A partir de ese momento, entre goles y amagues, la adaptación llegaría, al igual que el papel con las ecuaciones.

Al finalizar el colegio, Simón ya había tomado la decisión de estudiar educación física en el Pedagógico de la Universidad de Chile, en Santiago. Siempre atado al fútbol en su rutina y conversaciones diarias, continuar ligado a la actividad física definitivamente era la mejor idea para seguir siendo él mismo. Vestido de buzo, así quería verse cuando viejo. Claro está que su 5,1 de promedio durante la enseñanza media no le servía de mucho como ponderación antes de dar la ya extinta Prueba de Aptitud Académica. Por lo mismo, Simón se preparó a conciencia durante todo cuarto medio y le terminaría yendo bastante bien; se concentró, puso esfuerzo y superó los 600 puntos en todo. El cabro era flojo pal colegio, pero no tonto. Estaba listo. «Quedé», les contó a todos, pero a todos sus cercanos. Orgulloso, tomó sus pilchas y se fue de vacaciones. Lo que no sabía Simón es que además debía rendir un examen físico; examen a realizarse mientras él estaba de guata al sol. ¡Papelón! «No leí la letra chica», se sigue excusando hasta el día de hoy. Una vez enterado se le vino el mundo abajo. Él ya no quería seguir viviendo con sus padres, quería comenzar a volar. Paralelamente su viejo amigo, el Chino Segura, era subido al plantel profesional de Huachipato. Tragedia.

Pero como se dice, todo pasa por algo. Y le llegó otro papel, esta vez en forma de revista. Se juntó con un amigo a conversar del drama que vivía y este, luego de varias vueltas, recordó algo que trajo consigo la iluminación:

—¡Hueón, en la *don balón* aparece que se creó un instituto para técnicos de fútbol!

Simón corrió rápido al quiosco de la esquina, compró la revista *don balón* y efectivamente había sido creado el INAF. ¡Eso era! ¡Obvio que eso era! El ritmo del pecho se lo decía. «Voy a ser DT», decidió firme.

Sus padres, a regañadientes en un principio, terminaron por aceptar. Mal que mal, Simón era puro fútbol, de ese sincero, pasional, así que debía ser la vida y el carácter del muchacho los que determinaran la relación del lazo y no sin miedo. Años después se graduaría de técnico. Fue de la primera generación del instituto, esa a la que Arturo Salah, con altivez, llamó «Los marcianos», pues muchos de ellos no fueron jugadores profesionales. Eso a Simón, como decimos en Chile, le importó una *raja*: podría dedicarse a lo que amaba, a través del único camino en el que se sentía cómodo, dentro del lenguaje que le resultaba sencillo. El fútbol y su dinámica, lo demás eran ecuaciones.

Como no podía ser de otra manera, todo se inició en Cabildo, el origen de su *yo*. Presentó un proyecto serio a la Municipalidad, con plan de trabajo, metodologías, fuentes de inspiración y objetivos. Y fue contratado para hacerse cargo de las selecciones juvenil y adulta de la comuna. Derrotas, empates, el viento en contra, pero aguantó, logró curtirse y después de un tiempo consiguió el campeonato nacional de selecciones amateur del año 2004 con la juvenil de Cabildo, junto a una multitud de tres mil coterráneos en la cancha de San Fernando, cantando hasta el cansancio: «¡¡Cabildo, minero, campeón de Chile entero!!». Soñado. Eso se lo lleva al ataúd, con sonrisa eterna.

Luego, para seguir con su desarrollo, emigró a las inferiores del Everton, acercándose al mundo del fútbol profesional chileno. Sin embargo, las condiciones eran paupérrimas, peor que en el mundo amateur. El trabajo formativo, la esencia del futuro, en el último lugar de importancia. Y si bien aquello ya lo había oído, era distinto vivirlo. Recibía ciento cincuenta lucas al mes; llegaba en micro, se iba a pata. Hasta que un buen día recibió un llamado con una propuesta que definitivamente le cambió la vida: los hermanos Rodríguez Vega, integrantes del mítico «ballet azul», necesitaban un ayudante técnico y un preparador físico para completar el staff en el Kendari Utama de Indonesia. Pagaban mil dólares, algo así como seiscientos mil pesos. Harto mejor que en el Everton. Además, le aseguraron que allá todo era más barato. Llegó a su casa, buscó rápidamente en Google dónde chucha quedaba Indonesia y al ver un par de paisajes paradisiacos y algunas bellas damas, sentenció lo que el cuerpo le pidió: «Me voy». En el cajón de los calcetines tenía todos sus ahorros: justito pal pasaje.

Conoció Indonesia, en geografía y cultura, con luces y sombras, también a una chiquilla el pillín; y los recovecos de un fútbol potenciable, pero aún poco profesional y lleno de vicios. Sin duda, creció, y creció su compromiso social con el fútbol. En Chile el objetivo de lograr cosas grandes era una meta implícita, más allá de siempre haber caminado por la alfombra de tierra, sin cercanía al flash que persiguen los medios. Pero ese fútbol instintivo, casi desnudo, se presentó a sí mismo como causa de su rol: allá sintió que podía ser más que un fusible para solo ganar, siendo el aparato pedagógico, ese eslabón que quedó trunco años antes, aquello que se manifestaba elocuente como escuela de viaje.

Sin embargo, necesitaba nutrirse un poco más y con los billetes que juntó en Indonesia se fue dos años a aprender y vivir el fútbol como tan particularmente se vive en Buenos Aires. «Me envolví absolutamente en el fútbol», reconoce todavía con entusiasmo. Los días no eran días, sino que secuencias que no acababan: estudiaba fútbol, visitaba entrenamientos, charlas de café, una que otra pichanga y harto estadio, sobre todo a ver a Independiente de Avellaneda, *el Rojo*, su chiche porteño.

Terminados los cursos, en la tónica de su vida de pelota: se quedó sin plata. Un primo le dio una mano y se fue como inspector de frutas y pescados a Estados Unidos. Fantasma, pero válido. Nuevamente reunió billetes y volvió a Cabildo. En Cabildo puso una empresa de gas licuado y dirigió otra vez a las selecciones menores con buenos resultados. Pero la espina estaba clavada, quería volver a Indonesia. Inquieto, ansioso, y también para cerrar un ciclo.

En Indonesia formó una academia; partió con ocho alumnos, al poco tiempo serían más de cien. Su trabajo se valoró y llegaron oportunidades en segunda división y en primera, en ninguna desentonó. Incluso trabajó un tiempo como asistente en la Selección del país asiático.

Hoy está laburando en el Karketu Dili, club de la primera división de la isla asiática de Timor Oriental, al lado de Indonesia. Es un proyecto que nace y lo tiene a él como uno de sus constructores. Lo disfruta día a día, entrenando con dificultades, en una cancha para varios, pero entre cascadas, el viento hacia adelante y los sueños que el fútbol le prometen. Es el lazo suyo con el fútbol, que no se inmuta por un dónde.

No esconde que le gustaría dirigir en primera en Chile, su tierra que no olvida, y plasmar un 4-3-3, la idea de equipo y ser feroces cuando no se tiene la pelota. Pero hoy el compromiso del técnico Simón Elissetche, a sus treinta y nueve años, está con el vuelo de este presente que, como vemos, siempre muta, salvo el fútbol... y que es, como tantas, una historia sin flash.

El grito de Bielsa

Laura miró la hora: eran pasadas las tres de la madrugada y aún no podía encontrar el sueño. Quería llamar a Marcelo, sabía que él también estaba despierto. Tanteó el teléfono sobre el velador un par de minutos, pero ¿qué decirle?, lo conocía bien, no era el mejor momento. Cerró los ojos, y siguió despierta.

En una oficina audiovisual del complejo Juan Pinto Durán, el técnico de la Selección chilena, Marcelo Bielsa, repetía las imágenes del partido una y otra vez en la pantalla, «¡así no era!, ¡así no, por la reputa!», retrucaba, se mordía los labios. Brasil había vencido por tres a cero a Chile horas antes en el Nacional, y el estratega, bien tarde por la madrugada, seguía en vilo y profundamente despierto luego de un resultado que, aunque fuera posible, no esperaba.

A la mañana siguiente, por primera vez, comenzaba a flaquear la fuerte adhesión que Bielsa generaba entre los hinchas. Y el recelo de técnicos nacionales y ciertos medios nacionales no dejaban pasar esta oportunidad para cuestionar a una figura que desde su arribo había provocado una seducción indesmentible.

Bielsa, con su hermetismo e inagotable capacidad de trabajo, embobaba la curiosidad popular, y aquello irritaba de sobremanera a varios que, hasta ahí, lideraban los circuitos de opinión alrededor de la pelota. Cada frase se desmenuzaba, incluso sus silencios, y el fútbol, como pocas veces, tendía a una medida conceptual en el diálogo cotidiano: de la tincada ofensiva, a un porqué estructural. Por lo demás, el rosarino conjugaba con su semblante y discurso dos principios que llenaban plenamente el paladar mayoritario: disciplina y atrevimiento. Al futbolista chileno le faltaban esas dos ideas para perfilarse seriamente competitivo y no depender de una simple racha, o de una ráfaga individual, y el camino propuesto expresa e implícitamente por Bielsa era ese.

Sin embargo, el funcionamiento de la Selección no dejaba de ser irregular, y los resultados, lo mismo. «Bielsa está confundido», «Hasta ahora, todo sigue igual que antes», eran algunas de las frases que tímidamente comenzaban a expresarse tras siete fechas. Y numéricamente era cierto, la Roja llevaba diez puntos, los mismos que Olmos y Acosta en las últimas dos Eliminatorias sudamericanas. ¿Adónde recaía el crédito de Bielsa? En la forma, definitivamente, en el cómo se quería jugar, es decir, protagonizando. Pero, por más que aquello convenciera al espíritu patrio, al final de los noventa minutos la derrota es derrota, y duele siempre.

El volante Matías Fernández está pateando tiros libres: todas van adentro. «¡Ahora lo hacís, pos!», lo huevean sus compañeros. Matías no contesta, tan solo ríe tímidamente y sigue apuntando a los ángulos. El joven calerano hace menos de dos años que fue elegido el mejor jugador de América, luego de una bestial irrupción durante la Copa Sudamericana 2006. Nadie pudo quedar indiferente al talentoso y encarador volante creativo albo. Cada rabona, gambeta y cambio de ritmo de Matías se disfrutó, más allá de ser o no hincha de Colo-Colo. Desde España no tardaron en llegar los millones que pagaron la elegancia y calidad del chileno; pero no solo eso, también traficaban los sueños colectivos de ver, al fin, a un compatriota destacar en el más alto nivel tras años de ausencias y bochornos internacionales. Matías, sin pretenderlo, convocó la ilusión. Para muchos, Fernández podía ser el mejor del mundo.

Sin embargo, su alma tranquila y confortablemente agradecida no reclama lo que el cuerpo y el instinto en cancha le entregan. Y en Europa, donde el fútbol contemporáneo teje la historia, no basta simplemente con ser un excelente jugador, se necesita ir de guapo y saciar la vil ambición humana, moviéndose no como un adulto correcto, sino como un muchacho canalla. Pero así es nuestro Matías, y aunque también está recibiendo el juicio de analistas y el escepticismo de algunos, a Marcelo Bielsa le encanta. En Matías Fernández el estratega encuentra una imagen de equilibrio: el 14, a su inobjetable visión de juego y riqueza técnica, le suma colaboración defensiva. Matías siempre hace caso y entremedio inventa. «¡Bien, Mati!», le exclama Bielsa mientras pasa por su costado: esta vez ha fallado, pero le ha pegado rasante y fuerte, justo como se lo ha pedido el mismísimo Bielsa.

Colombia, el próximo rival, es complicado. Con diez puntos está en la misma línea de Chile, y en sus dos últimas visitas al Nacional se ha llevado un triunfo y un empate. Perder puntos puede ser fatal y minar, ya con fuerza, el romance que vive el pueblo chileno con el rosarino. «Tres puntos que valen un Mundial», «Hay que ganar como sea», son los tópicos que registran los medios y parte del público. *¿Qué carajo significa «como sea»?*, se pregunta con fastidio el técnico de Chile, apartando su vista con asco del televisor.

Laura está nerviosa, faltan algunas horas para que comience el partido, quiere que la Selección chilena gane pero ¿y si le va mal?, ¿qué hará Marcelo? No resiste la idea de creer que pueda fracasar, aunque *lo tendré en casa,* da vuelta un segundo, sin embargo, es tan solo un segundo: *El fútbol es su vida, competirlo, pensarlo…, no, claro que no, debe ganar. Ya lo veré.* Es su última reflexión antes de volver a sentir infinito nerviosismo; no por desconfianza, sino por conocimiento de la trascendencia. Nada volverá a ser tan duro como los meses que siguieron al Mundial en Japón, cuando encumbró a la albiceleste al cartel de favorito para caer inesperadamente en primera fase. ¡No!, nunca nada será tan duro como aquello, pero Marcelo le cuenta que en Chile se siente bien, que lo respetan, que la gente es amable. Y los muchachos lo dan todo, refuerza. *Ay, la puta, que empiece luego esto. ¡Dale, Chile!*

La charla del técnico en el vestuario es maciza: se repasa lo táctico, también se dan algunos énfasis individuales: «Estrada, vos tranquilo, simplemente jugá», estimula al volante que días atrás actuó de zaguero por la izquierda y recibió la mayor cantidad de críticas. Hoy va de mediocentro, una posición clave. Bielsa anota los errores pero no condena. Y gusta de jugadores técnicos, con buena preparación física y que puedan desenvolverse en distintos lugares. La movilidad del fútbol en circuito planificado. Estrada, una vez más, de titular, ahora en otra posición. Puede ser un riesgo, pero es justamente esa muestra de carácter e indiferencia hacia el *qué dirán* lo que le ha valido el completo respeto de sus dirigidos. Y también de gran parte de la parcialidad.

Por supuesto, el rosarino no deja pasar la oportunidad para encender la arenga: la familia, los sueños, el amor por el fútbol, la ilusión de un país, el atrevimiento, «¡Que hay que ser atrevidos!», y los principios: «¡Esto no es como sea! ¡Salgan, presionen y dominen!».

La Roja es recibida por una multitud. El Nacional parece tener las heridas cicatrizadas del último duelo. A ratos ruge. Bielsa saluda a la tribuna, aunque sin mirar a nadie, ya está jugando el partido.

Colombia se planta en combate y sale a torpedear la mecánica asociativa del cuadro chileno; no obstante, la presión de Chile da resultados. Alexis Sánchez rescata un balón suelto a treinta metros del área tras un tiro de esquina y acaricia una apertura al costado derecho, entrando al área; por allá corre Gary Medel, el zaguero por esa zona quien, tras dos toques, centra en posición de puntero y encuentra a Gonzalo Jara, el zaguero izquierdo, que está en posición de 9; y este, astuto y atento, de primera conecta y destraba el cero a cero. Tremendo. La dinámica del equipo y su vocación de ataque resumida en tres movimientos. Luego del primero, Humberto Suazo, el delantero goleador, no perdona cuando una pelota queda suelta en el área. Y a comienzos de la segunda etapa, tras centro llovido de Alexis, el Chupalla Fuentes sentencia el encuentro. Tres a cero, contundente.

Marcelo Bielsa, pese a la ventaja, sigue tenso, observando el encuentro, ingobernablemente insatisfecho. Algo falta. Algo que el equipo, en conjunto, en breve le explicará qué es.

Arturo Vidal, que trabaja como volante por la derecha, ya está encima de un cafetero y pincha el cuero en *medioterreno*; Marco Estrada se hace del esférico e inmediatamente busca al espacio con un balonazo precioso de treinta y cinco metros;

allá va el veloz Mark González, quien controla y al giro se saca con un túnel la marca del lateral que fue a cubrirlo, se escucha *¡¡OLEEEE!!* desde la galería; Mark juega con Arturo, que ya corrió todo el campo persiguiendo el ataque; y Vidal, cerca del área, sigue alargando el balón, con un pase sin mirar levemente hacia atrás, se escucha *¡¡OLEEEE!!* nuevamente; y a paso extendido, con potencia y rabia, un zapatazo rasante y fuerte de Matías Fernández, que rompe el arco rival. El estadio se cae. Intensidad, visión, encare, magia y golazo. Fútbol absoluto. Marcelo Bielsa, al instante, explota, y desde las entrañas de su rebelde pasión futbolera, grita por primera vez un gol de Chile, y lo grita fuerte, con los brazos en alto y rostro desencajado. Es un rugido; ahí está su «como sea», y orgulloso, se deja llevar como hincha. Chile, con identidad aplastando a Colombia. El fútbol, además, derrochando contenido propio. El Mundial es posible. La Marea Roja se vuelve loca. Las bocinas comienzan a retumbar por las calles.

Laura mira una y otra vez la escena de aquel grito de gol. Se emociona, hace mucho no veía en ese estado tan puro al hombre que ama. *Si hasta se ve igual de pelotudo como cuando teníamos veinte,* y ríe, al fin, aliviada. *Será mejor que no lo llame hoy, que disfrute esto,* piensa, nuevamente postergando todo lo que siente. Pero es por esa inconfundible obsesión que lo quiere, tampoco se reprocha. *En Chile está contento,* se consuela por última vez. Duerme, ahora sí duerme. Hasta las cinco de la madrugada, cuando comienza a sonar el teléfono. *Marcelo, siempre a estas horas...*

El himno de Chile en el Maracaná

La historia del fútbol no nació en el estadio Maracaná, pero sí parte importante de su narrativa épica y dramática. Aquella definición en el Mundial de 1950 entre Brasil —la Selección anfitriona— y Uruguay es un relato persistente e inagotable, ya sea en la cabeza de cualquier imberbe pelotero o en la de algún mañoso viejo de esquina junto al quiosco. Cerca de doscientas mil personas colmaban y embriagaban de triunfalismo cada milímetro de tablón. A Brasil simplemente le bastaba con el empate; a Uruguay únicamente con la inmortalidad. Todo estaba preparado para una gran celebración. Así lo aseguraban las portadas de los periódicos esa mañana. «Brasil Campeão Mundial de Futebol 1950», titulaba con plena confianza *O Mondo*, por ejemplo. Así lo preveía el mismísimo Jules Rimet, presidente de la FIFA, quien guardaba en uno de los bolsillos de su chaqueta un discurso en portugués, en el que se felicitaba al local como campeón. Así lo esperaba la multitud más grande que alguna vez una cancha tuvo, que, enfervorizada, quebraba el aire y aplastaba hasta el suelo la presión de las tribunas. Así esperaba un país completo, enamorado popularmente de este juego, con los ojos imaginarios volcados en el Maracaná de Río de Janeiro.

Sin embargo, y pese a comenzar en ventaja, dos estocadas de un recio rival, que jugó convencido de que al frente no había más que otros once hombres, secuestraron para siempre ese momento, junto al crudo silencio que se extiende cuando todo se ahoga en un ahora que no fue. Brasil, que vivió con completa ilusión los segundos del mañana, aterrizaba firme delante de la Celeste. Uruguay era campeón del mundo; el fútbol, un cuento de noventa minutos interminables; y el Maracaná, frente a la desgracia y la epopeya, un divino templo humano.

Ahora bien, la eterna fama de su legado no procede únicamente de esa ya mítica historia conocida como «Maracanazo», cuando Uruguay venció por dos goles a uno a Brasil con tantos de Schiaffino y Ghiggia. Ya que también, desde aquella inolvidable final, se convertiría en un santuario que purgaba esa *vieja culpa* a través de Garrinchas y Pelés. Brasil con los años se convertiría en la máxima potencia futbolística a nivel planetario, desarrollando su propio estilo cultural del juego, y el Maracaná asumiría como principal escenario.

El fútbol chileno, por su parte, arrastraba de ese campo de juego una oscura memoria que se remontaba al 3 de septiembre de 1989. La Selección dirigida por Orlando Aravena necesitaba de un triunfo ante Brasil para acceder al Mundial de Italia 90. Una quimera para muchos, pero para otros todavía estaba fresco el cuatro a cero con el que la Roja los había goleado por la Copa América de Argentina dos años antes. Y aunque el trámite de ese encuentro distase enormemente del resultado final, los goles de Basay y Letelier seguían presentes y avivaban la ilusión. Además, *algún carrerón del Pato Yáñez puede lastimar; y si Chile aguanta el cero a cero, ellos se pueden poner nerviosos; y al arco está el Cóndor Rojas, el mejor arquero del mundo*. Todo eso se decía y presumía. Efectivamente, el Cóndor Rojas extremó recursos y firmaba una nueva actuación para los libros. Sin embargo, el guardameta que brillaba en el Sao Paulo especuló otros planes y, una vez el marcador dijo uno cero abajo, fingió haber sido atacado por la *torcida* local con una bengala que cayó al área chilena, infringiéndose un corte arriba de la ceja con un pequeño bisturí que guardaba adentro de uno de sus guantes. Con el portero bañado en sangre, la Selección chilena se retiró del definitorio partido. La indignación recorrió todo nuestro país, inclusive con ataques y funas a la mismísima embajada brasileña en Santiago. La agresión al portero Roberto *Cóndor* Rojas hacía exigible la descalificación de Brasil o, al menos, jugar nuevamente el encuentro en campo neutral. Eso creían por estos lados y ese era el desesperado objetivo pretendido por Rojas. No obstante, al cabo de unos días se supo la verdad y el castigo lo recibiría Chile, quedando automáticamente eliminados del Mundial de Italia y descartados de participar para el proceso de Estados Unidos 1994. Durísimo. Una generación se iba al congelador y la Roja sufría el episodio más bochornoso de su historia. Roberto Rojas sería suspendido de por vida.

El 18 de junio de 2014, una nueva generación de futbolistas chilenos, que apenas sí había nacido para el papelón ocurrido veinticinco años antes, jugaría su segundo partido de la fase de grupos de la Copa del Mundo de Brasil frente al vigente campeón mundial y bicampeón europeo, España. Un duelo bravísimo. Y lo harían, nada más y nada menos, que en el Maracaná. La noticia, una vez se supo, inmediatamente alimentó aquella *vieja culpa* chilena. Sin embargo, fue apenas el breve rubor de una nostalgia, pues, en la cancha, el atrevimiento de este equipo de la Roja seducía y convencía con su juego rebelde y ofensivo. La escuadra dirigida por Jorge Sampaoli pisó Brasil buscando gloria y de paso espantar miedos y vergüenzas del pasado.

Chile venía de derrotar por tres goles a uno a Australia en un encuentro más jodido de lo que se pensó previamente. Los primeros veinte minutos fueron arrolladores, justificando los goles de Alexis Sánchez y Jorge Valdivia. Pero con el correr de los minutos, el desarrollo se emparejaría, y al descuento de Tim Cahill hay que sumar varios tapadones de Claudio Bravo. Finalmente, el celo protagónico de la Selección terminó con el tanto de Jean Beausejour cuando el cotejo acariciaba su epílogo. Y era ese celo el que encendía las esperanzas.

España, por su lado, llegaba dañada y dolida luego de una inesperada y extraña goleada recibida en su debut a manos de Holanda por cinco goles a uno. De comenzar en ventaja y controlar el dominio de las acciones y el balón, pasó a un segundo tiempo de hecatombe. La Selección campeona del mundo apenas tenía margen: vencer a Chile se planteaba como la única opción posible; de lo contrario, una temprana y sorpresiva eliminación se materializaría. El planeta fútbol, incrédulo aún frente a la posibilidad, depositaría, una vez más, todos sus ojos en el Maracaná.

España había vencido cuatro años antes al Chile de Bielsa en el Mundial de Sudáfrica por dos goles a uno, también en la fase de grupos. Para muchos la espina seguía clavada, sobre todo para el plantel de jugadores; porque ese fue un partido que se escapó de las manos en unos minutos, justo cuando Chile se mostraba mejor, en un cuentagotas de errores inmaduros. ¿Serían suficientes cuatro años para invertir el resultado? Dos partidos amistosos entremedio del lapso mundialista susurraban que era posible. La Selección no había podido ganar, pero los duelos estiraron tensión y paridad. Una caída y un empate, ambos con goles españoles de último minuto, marcaban una línea de progreso.

La Selección chilena de a poco se ganaba un creciente respeto global debido a un estilo de gruesa personalidad. El equipo nacional mostraba intenciones y no demasiada especulación. Jugadores como Arturo Vidal, Alexis Sánchez, Claudio Bravo y Gary Medel, se presentaban como los rostros principales de una camada que ya sabía de roce y competencia internacional. El plantel parecía preparado para dar el salto, independientemente del monstruo herido al que enfrentaría. Desde las huestes hispanas el mensaje era uno solo: «Somos los campeones y jugaremos como tal».

Jorge Sampaoli nació en Casilda, un pequeño pueblo a las afueras de Rosario, Argentina. Nunca fue jugador de fútbol profesional; dicen que por una lesión cuando todavía era joven, otros aseguran que aquello daba lo mismo, que ni talento tenía. Sí, en cambio, pasión desbordaba por el fútbol, un camino obsesivo y ambicioso que ha guiado todos los destinos de su pensamiento. Se convertiría en director técnico. Su gran referencia: Marcelo Bielsa. Sampaoli adoptó para sí el modelo futbolístico del *Loco*. Entrenamientos, charlas y partidos, muchos partidos consumiendo las ideas tácticas y estratégicas de Bielsa. Un descarado imitador, dirán algunos, algo que a Sampaoli poco podía importarle: no tenía estatus que asegurar, ni tiempo que perder, simplemente debía ir al frente y buscarse la oportunidad. Y fue. Dejó familia, trabajo y con apenas un bolso arriba de un bus emigró a Perú. Allí ganaría cierta fama de tipo meticuloso y trabajador, e iniciaría su ascenso. Un irregular paso por O'Higgins de Rancagua marcaba su primer contacto con Chile, pero luego de un destacado y comentado año en el Emelec ecuatoriano, dos temporadas soñadas en Universidad de Chile lo ubicarían en el mapa definitivo. El alabado juego desplegado por el conjunto universitario, con tricampeonato chileno incluido y la obtención de la Copa Sudamericana del año 2011, derivaría en su llegada a la Selección a finales de 2012, tras el despido a Claudio Borghi, quien quedó sumergido en un concepto que él mismo acuñó: «Las viudas de Bielsa». La Roja de Borghi lentamente comenzó a acusar un juego colectivo cadencioso y de ráfagas individuales, todo lo contrario al ritmo vertiginoso y colectivo de su predecesor. El paladar nacional había cambiado y el público en general no se sentía identificado con el equipo de Borghi. Además, visibles y mediáticas indisciplinas mellaron las confianzas hacia el estratega. Con Sampaoli, en breve, la Selección recobró la dinámica y comenzó a ganar, y clasificó a un segundo Mundial consecutivo, y ya las jóvenes figuras que participaron del Mundial de Sudáfrica tenían cuatro años más de experiencia acumulada. Por lo demás, también se habían sumado nuevos integrantes fundamentales, como Marcelo Díaz, Charles Aránguiz y Eduardo Vargas, todos dirigidos en su momento por Sampaoli en la Universidad de Chile y quienes se adaptaban perfectamente al sistema empleado por el técnico.

La Selección había quedado en el grupo B, con Australia y los dos últimos finalistas de la Copa del Mundo, España y Holanda; maldita suerte, claro que sí. En cualquier otra estación pasada ese simple hecho hubiese marcado un enorme derrotismo. Sin embargo, en Chile la confianza no era un verso, el fútbol desplegado por el equipo interpretaba y convencía a los jugadores, y también a la hinchada que, en masa, poblaba las calles de Río de Janeiro. ¡Más de cincuenta mil chilenos esperaban en el Maracaná! Se trataba de un Mundial, por supuesto, con toda la expectativa que genera, pero también se trataba de un equipo que respetaba fielmente su identidad de juego, algo que durante décadas se había reclamado. Y se trataba de un perfil audaz y ofensivo, una seducción popular aclamada. «Respetamos a todos, pero no tememos a nadie», declaraban los futbolistas. «¡Vamos a ganar, conchatumadre!», gritaban los hinchas en cualquier lado, a cualquier hora. El nervio comenzaba a carcomer la piel del país a medida que el encuentro se acercaba. No había otro tema, no había nada más, todo era Chile-España, ese 18 de junio.

En el camarín chileno, Jorge Sampaoli estrujó la charla. Repasó los últimos detalles con intensidad: «Huaso, vos tenés que apoyar en el medio; Keno, ¡anticipá y pasá!; Marcelo, vivo con Iniesta…». Y arengó con emotivas palabras el contexto, apelando al raigambre del juego y de los *colores*. ¿Quién lo hubiese creído ahí en el Maracaná, desafiando al campeón del mundo, cuando algunos años antes, debido a una expulsión, dirigía arriba de un árbol un partido de fútbol amateur? Y en ese mismo lugar escuchaba atento Marcelo Díaz, el motor del mediocampo nacional, quien cinco años antes era un discreto lateral derecho que a punto estuvo de dejarlo todo e ingresar a estudiar a la universidad. La vida, sus vueltas e insistencias. Atento también estaba Charles Aránguiz, un silencioso volante todo terreno que, sin generar un gran interés en la prensa, se había hecho fundamental en el andamiaje colectivo del equipo. Eduardo Vargas, al lado de Aránguiz, no escuchaba, ya conocía el discurso y además observaba su propio pasado, cuando luchaba por asistir al Mundial de Alemania 2006 a través de un concurso reality definido a través de mensajes de texto. *Cero voto* sacaba un introvertido Vargas al que no le bastaba con hacer goles para ganarse el acaramelado y superfluo cariño televisivo. Ocho años después, con la camiseta número 11 en la espalda, saldría a la cancha del Maracaná. Y así diferentes historias personales ahora despertaban adentro del mismo sueño que diariamente recrearon.

«Arturo, ¿estás bien?», le consultaba el técnico a Vidal, quien se tocaba la rodilla una y otra vez. El crack que la rompía toda en la Juventus no se bajaba pese al cruento dolor de una lesión que lo tuvo a la cordura de no asistir al campeonato. Pero Vidal no estaba dispuesto a ser cuerdo, ni a reparar en un *más adelante*, porque no es así como actúan los reyes de pueblo choro. «Sí, profe, no es na», contestaba Vidal mientras extendía una sonrisa picarona.

Alexis Sánchez se movía de un lado a otro, incontenible, ansioso, desesperado por demostrar su valor. Claudio Bravo aplaudía y señalaba que ya era tiempo de levantarse y salir a la cancha. Gary Medel, en su estilo, aleonaba con un último *ceachí*.

Los equipos en la cancha, dispuestos en fila, aguardaban por la ceremonia de los himnos antes del inicio del juego. El ambiente era espectacular: el estadio se encontraba absolutamente lleno y teñido de rojo.

El himno español pasó rápido y sin letra, mientras la cámara iba uno a uno mostrando a sus archiconocidos futbolistas. Los rostros de Iker Casillas, Sergio Ramos, Gerard Piqué, Andrés Iniesta, Diego Costa dilataban los segundos y el nervio. Un equipazo.

No obstante, terminado el himno español, comenzó el chileno, e inmediatamente fue gol. La patria, ese concepto a ratos maltrecho, que parece antiguo, pero que colinda con la cercanía más nítida de los pueblos: el lenguaje reconocido, los paisajes de la memoria, la historia que une y divide, enmarcaba en un mismo sonido perseguido el anhelo de millones. Y se cantó con desgarro, con pertenencia y simulando al equipo en cancha, es decir, con celo protagónico. La hinchada chilena que colmaba el Maracaná se apoderó de la escena y lo hizo vibrar todo, incluso las piernas del rival. Los jugadores chilenos, entrelazados y con los ojos cerrados, se dejaron llevar a través de la pasión del coro. Y una vez la música dejó de sonar, a capela, junto a los cincuenta mil fanáticos, continuaron entonando las últimas estrofas, cantándolas con todavía más fuerza. El respaldo de las tribunas iba más allá de un espectáculo, se convertía en un compromiso. La sangre de los futbolistas nacionales ya hervía. La cancha se había inclinado. Fue estremecedor.

El partido terminaría dos a cero a favor de Chile. El primero fue de Eduardo Vargas, en una espectacular jugada colectiva que bien definía la voracidad de la Roja: presión, capturar el error, toques fulminantes, piques al espacio y una definición con gambeta que dejó tirados a portero y defensa, en un segundo de calma a toda velocidad. Eso fue a los dieciocho minutos. El Maracaná explotó. Y lo haría nuevamente, un poco antes de terminar la primera etapa, luego de un tiro libre de Alexis Sánchez débilmente rechazado por Casillas; ahí estaba Charles Aránguiz y de un «puntete-tres dedos» la clavó al ángulo y sentenció el guarismo, y la clasificación de Chile, y la eliminación del campeón.

Ese 18 de junio la Selección jugó sin temores ni planes especulativos fuera del fútbol, salvo la magia de una multitud que derrumbó fronteras y fue plenamente local. La Roja consiguió uno de sus triunfos más importantes y la hinchada asentó para siempre el sonido del himno chileno en el mítico Maracaná.

Crónica de una final enorme

Es el entretiempo de la final de la Copa América Centenario, en Nueva Yersey, Estados Unidos, y en el vestuario argentino existe un viboreo tenso, de lenguas afiladas, destapadas. Lo saben, entienden que desaprovecharon una oportunidad importante luego de que Lionel Messi hiciera expulsar a Marcelo Díaz a los veintisiete minutos del primer tiempo; no solo no aprovecharon al hombre de más —antes de aquello presionaban la salida chilena y se arrimaban con frecuencia a la portería de Bravo—: ellos también han terminado con un hombre menos tras la temperamental barrida por detrás del lateral Marcos Rojo sobre Arturo Vidal cuando la primera parte quemaba sus últimos minutos. La exageró un poco Arturo, es cierto, pero este Chile tiene experiencia, es el vigente campeón continental.

El técnico Gerardo *Tata* Martino, lejos de calmar los ánimos de sus dirigidos, aviva más la ira de un equipo que, poco a poco, abandonó el toque y comenzó a raspar y buscar intimidar con los viejos recursos de la *prepo* trasandina, creyendo que a patadas y amparados en los galones de la camiseta, la Roja aflojaba. Pero ha sido todo lo contrario: eso sacó el fuego de esta nueva generación chilena, una a la que llaman «dorada». Javier Mascherano toma la batuta de la escena y dispara una arenga, que lejos de enfocar, confunde y eclipsa de emoción un momento que requiere de calma y cabeza fría. Las pulsaciones están a mil, diez mil, veinte mil; en verdad, ya no hay cuenta.

Alejado de todo eso, en una banca lateral, el capitán y número 10 trasandino, Lionel Messi, está sentado en silencio, intentando recuperar el aire. Ya tiene demasiada presión encima, necesita despejar su cabeza más que recibir discursos de guerra. Messi juega su nombre en el almanaque patrio y también lucha por su propia tranquilidad. Argentina y el mundo lo miran a él, y lo sabe. Cerca del 10, Ángel di María se muestra pálido, tocándose una pierna y expresa dolor. «La reputa», se muerde el Fideo entre los dientes. Una vez más a la otra gran estrella del equipo el cuerpo le falla en una final, como en el Mundial, como hace un año frente al mismo rival de hoy.

Toca salir nuevamente a la cancha. Martino llama al 10 y le confiesa un plan indispensable:

—Lío, salí y hacé lo tuyo. Pero ojo con Vidal, eh, mirá que tiene amarilla. Si lo sacás, la Copa llega caminando.

Messi sonríe tímidamente, el Tata está serio, pues lo sabe bien, el 8 chileno es el eje disruptivo que atenta contra el festejo albiceleste; sacarlo allana todo.

El segundo tiempo ha alejado los iniciales rostros de confianza del equipo favorito. Argentina ya venció a la Roja con solvencia por 2-1 en la fase de grupos y el trayecto hasta la final ha tenido lujo, goleadas y, cuando no, a Messi. La deuda del mejor jugador de la actualidad, se cree, será pagada hoy: Argentina va a ser campeón, eso piensa una mayoría. Sin embargo, a medida que el partido ha madurado y se ha desarrollado con textura de contacto, todo cambia. En el vaivén que muestra la personalidad, el equipo chileno ya está sereno, desplegando su fútbol, controlando el trámite y el dominio del balón. Chile lo distribuye bien, a todo lo largo y ancho de la cancha. La Roja, si bien no consigue llegadas profundas, juega tranquilo y acelera las pulsaciones de su oponente que siente el apremio del tiempo; el del partido y el de todos los años que han pasado de no conquistar un título a nivel adulto, un oprobio delante de una identidad que se niega a convivir sin la gloria. La ausencia de Mascherano en el medio, un caudillo con experiencia y fuerza, obliga al retraso de sus líneas. El Jefecito ahora comanda la zaga y el centro quedó blando frente a un Vidal imponente y un Aránguiz avezado y *trajinador*. La dupla de volantes ha sabido sortear la ausencia de Díaz dando cuenta de una clase brutal.

Con todo, Messi sigue acechando, mostrando en medio segundo esa gambeta rápida que vale millones e historia pura. Pero la Selección chilena aplaca el pánico en conjunto, con el oficio de tantas batallas. Cada vez que el balón es tomado por la *Pulga*, aparece una camiseta roja, y luego otra, si hace falta otra más. Son perros salvajes detrás de su presa que, más que Messi, es su identidad.

El técnico chileno Juan Antonio Pizzi, quien recibió el legado y la carga de una Copa encima, astutamente ha dejado el libro propio de lado y se ha unido a la intensidad y fuerza colectiva de este grupo. Ya no está Bielsa, ni Sampaoli, pero quedan los muchachos, y ellos juegan. Pizzi, de cierta manera, ha sido seducido por la confianza que este grupo de futbolistas se tiene. Más luego de cómo ha sido el curso del torneo: de las enormes dudas que dejó una primera ronda con triunfos de amargo sabor de boca ante Bolivia y Panamá y la clara derrota frente a Argentina, hasta llegar a una contundente y aplomada semifinal con Colombia. Y, por supuesto, el quiebre que generó ese 7-0 a México por cuartos de final.

Pocas veces una Selección jugó de manera tan maciza y despiadada. Justo cuando la imagen de equipazo parecía evaporada, el colectivo recuperó la memoria e hizo show ese 18 de junio en California. El hambre permanecía intacta, eso estaba claro. *Ellos van a ganar; vamos a ganar,* está convencido. Por eso no tuvo apuro en realizar un cambio tras quedar con diez hombres; prefirió el rearmado natural que comenzar a improvisar. Ni arrugó en trenzarse en una acalorada discusión con Martino cuando este trataba de versar al cuarto árbitro. Está ahí como lúcida compañía más que como estratega protagonista. Y desde el banco instruye que se ataque más a Funes Mori, quien es claramente el *queso,* más ahora que custodia el lateral izquierdo. «Perfora, chapa; perfora por ahí», le insiste a Fuenzalida. «Dale, Huaso, subí», le abre la carta a Isla.

Pero no todo es tan sencillo. Pasado el chaparrón de los primeros treinta minutos de la etapa inicial, cuando la bola cruzaba el área y Medel se pegaba en el poste, el conjunto chileno ya lo está viendo probable, y sin darse cuenta lo supera el anhelo, expresando ansiedad. Y cómo no, si después de noventa y nueve años ganaron el primer gran título, y ahora, en menos de una vuelta al sol, puede llegar la segunda. La precisión en los últimos metros es un bien escaso.

Van setenta minutos de juego y ocurre lo que durante el segundo tiempo no ha ocurrido: Chile pierde la bola saliendo por el centro en el medio del campo. Y ya la tiene el único que no debe tenerla, Lionel Messi, con su mejor droga por delante: campo para correr. El 10 tiene espacio para la travesía, aun cuando todavía quedan bastantes metros para el arco y la última línea nacional está afortunadamente bien plantada.

Messi comienza a avanzar, sin compañía, aunque aquello poco importa, ni tampoco parece ser el objetivo pues, Arturo Vidal viene impetuoso desde atrás corriendo a todo vapor. El recado de Martino vive en la siguiente gambeta.

Todos en el mundo del fútbol conocen a Vidal: es el Rey Arturo, el volante del Bayern Múnich, uno de los mejores del mundo, un futbolista de carácter... y también un tipo con sus arrebatos.

Messi huele el momento y desacelera: el roce a la redonda es más tenue, cortito y con la parte externa, mientras revolea la cabeza, esperándolo. Tiene claro el lado hacia donde debe amagar para dejar pasado al volante, que viene a toda velocidad acercándose. La Pulga prepara su cuerpo para el golpe, y también su caída. Martino desde el banco lo vive como una clara ocasión de gol, poniéndose de puntas. Desde Chile observamos a Vidal, lo conocemos de mocoso, con todas sus cagadas. *¡¡Sin falta, hueón!!*, es el único pensamiento que tiene Chile como organismo unido. El árbitro, Heber Lopes, ya está sacando la amarilla: la Conmebol va a estar más aliviada; lo mismo que los organizadores del torneo. Una copa hecha y dispuesta con color albiceleste.

Sin embargo, ¡Arturo se frena!, y espera la ayuda de Beausejour que viene en auxilio. Gonzalo Jara, entusiasmado por la devoción patria, también quiere ir, no obstante, Gary Medel lo frena con un selecto «¡Pa onde vai, ahueonao!». Gonzalo, de memorable desempeño, le hace caso al *Pitbull* de Conchalí. Entre Beausejour y Vidal se apañan; Messi la pisa, avanza por el costado, pero, poco a poco, comienza a atorarse por la raya y la doble marca, y se la terminan punteando al tiro de esquina. Volvemos a respirar. Vidal conserva el ímpetu de la rebeldía, pero esta vez se mostró maduro: es una señal determinante. Y sigue en la cancha. Chile, definitivamente, puede ganar.

La Roja controla el desarrollo de las acciones, administra la posesión del esférico y tiene metida la albiceleste en su zona, quienes han desvanecido casi toda su presencia ofensiva. Di María ya no está en cancha y, salvo las escapadas de Messi, el resto se concentra en el repliegue y en no dar mayores espacios. Lo están sufriendo. Chile tiene fuelle, no parece cansado.

La Roja a la carga, el epílogo del juego ya está cerca, puede ser la última jugada de los noventa minutos. Vargas, Beausejour, Vargas, Beausejour, todo por la izquierda, la combinación es tremenda; Beausejour ya está en el área, saca el centro, la redonda va al punto medio del área pequeña, ni los centrales trasandinos ni el portero Romero la interceptan; Alexis se asoma, se estira…, es gol de Alexis…, es gol…, es… ¡¡Noooo!! ¡¡El tocopillano no le da!! ¡¡No se puede creer!! Dramático, ¡era la última!

Alexis tiene el tobillo reventado después de una falta descarada de Mercado al inicio del partido, apenas sí pisa; no pudo llegar, y ahora ni se levanta. ¡En qué estuvo! Los noventa minutos terminan 0-0, ¡lo tuvo Chile en la última! Al dos veces campeón del mundo, la Selección le juega de tú a tú, y más que eso. Se viene el suplementario. La final es de infarto.

Las piernas apenas se sienten y quedan todavía treinta minutos más. Vidal, quien no jugó el partido de semis, es el más entero y lo sabe: tiene que ser inmenso y juega de inmenso. Ingresa el Gato Silva por Alexis. Parece un cambio conservador, pero Pizzi no *come vidrio* y necesita frescura y frenar el último aliento trasandino. Además, se sabe, Alexis Sánchez anda en una pierna, el esfuerzo hecho ya es de enmarco.

La albiceleste, que juega con el apremio de una prensa sanguinaria y una fanaticada exitista, no quiere llegar a los penales: necesita ganarlo ya. Messi, por ello y por sí mismo, tiene el pecho estrujado.

Van noventa y nueve minutos de juego, recién nada más Puch asistió a Vargas, quien de cabeza no pudo darle la debida potencia para abrir la cuenta. Fue una buena ráfaga ofensiva, pero la cuerda ya viene de vuelta y a cuarenta metros la pelota está quieta; hay tiro libre a favor de Argentina. Messi cobrará la falta. La redonda parece mansa y dispuesta frente al astro del Barcelona. Y ahí va: el balón desde los pies del 10 flota en curva elegante, directo a la cabeza del Kun Agüero. El delantero que quema en Inglaterra simplemente se despega del suelo y cabecea cruzado, fuerte y bombeado: el trayecto es al ángulo, a la esquina alta de la portería; es un golazo. No obstante, aparece Bravo, el guardameta y capitán chileno, estirándose por completo y hacia atrás, llegando con lo justo de sus dedos al último rincón del fútbol; es una atajada de aplauso infinito. No es *la mano de dios*, sí la mano de un hombre desviando el trayecto al córner, salvando una acción imposible, justificando un nuevo destino.

Ya no se sacarían ventajas. Vidal seguía en cancha, Martino mordía la rabia. El equipo chileno confirmaba el aplomo y la experiencia adquirida a través de los años. En los penales la confianza era de los nuestros, mientras el miedo se apoderaba del equipo que creyó la victoria como un hecho.

Heber Lopes hace el sorteo: ambas monedas favorecieron a Bravo. Chile comienza la tanda y elige lado. El rostro de Messi no albergaba tranquilidad; al contrario, estaba lleno de angustia. La escena de hace un año volvía a repetirse: nuevamente penales y ante Chile. El picotón de Alexis y el carnaval en el Nacional seguían frescos.

El primero en ir es Vidal, la figura de la cancha. Lo hace, obvio que lo hace. Chiquito Romero se mueve entre los tubos, abre los brazos, exclama bravatas. La espera se hace larga, extremadamente larga, y Vidal comienza a dudar, se le nota. Mira, corre, no levanta la vista, abre el pie, no es esquinado ni fuerte: Romero contiene. Y lo celebra con pica, e incluso sobra una sonrisa. Ya se cree campeón. ¡No se puede creer!

Viene Messi, el más seguro de ellos, pero carga una mochila llena de piedras en la cabeza. Bravo lo conoce bien del Barcelona. Le indica un lado, mueve las piernas, le grita. Messi no da más, y explota el zapatazo, como si explotara su alma. ¡La manda a la galería! Ratificando el nervio y los demonios que socialmente han construido a su alrededor jugando por su Selección. Problema de ellos. A nosotros nos vuelve el alma. ¡Estamos vivos! Los trasandinos sienten el shock.

¿Quién va ahora? ¿Nico Castillo? El delantero de veintitrés años muestra personalidad y camina por fe propia al punto penal. Es un momento crítico. Han fallado las dos grandes estrellas de cada equipo. Tiene que abrirlo, es complejo. Pero sin rollos ni dándole demasiadas vueltas, el centro delantero fusila como dicta el manual: arriba y cruzado. Chile se pone en ventaja. ¡Vamos, mierda!

Por Argentina viene Mascherano. ¿Ha pateado penales? No da tiempo a la duda e imita el mismo penal que Castillo. 1-1.

Turno de Aránguiz, un especialista. Hay confianza en que el *puntealtino* saque la estirpe y mantenga a Chile arriba. El excelente volante no da señales, mira serio y fijo, como si lo supiera: empeine abierto, con poca carrera, sin espacio para que el portero haga nada. Bombazo. Golazo. ¡Crack!

Es momento de Agüero. ¿Puede ser ahora? Quizás quedó tocado por el cabezazo que le sacaron en el minuto 99. Mas, nada, El Kun no se lo permite y con escalofriante suavidad la manda por abajo, a la ratonera izquierda, e iguala. ¡Pero Bravo estuvo cerca! El portero chileno leyó el tiro y casi la roza. ¡Ufff!

Beausejour, que tiene a su haber dos goles en mundiales diferentes, tiene la misión de reponer la ventaja. El zurdo se planta calmo y al siguiente segundo nos recuerda al Matador Salas en Wembley: firme con el interno y adentro. El moreno, que mayor experiencia en penales no tenía, mostró decisión. 3-2, arriba Chile.

Lucas Biglia comienza a caminar al área y su cara dice muchas cosas. *A este se la atajan*, es un pensamiento inmediato, instintivo, prácticamente mundial. El semblante del rubio no tiene confianza. Bravo, por el contrario, la derrocha. Y se mueve, enfatiza lugares, remarca su postura. Biglia no mira a ninguna parte, traga saliva y trota al balón; llega ahogado, con la espalda hacia atrás, muestra la cadera, el pie de apoyo está chueco: el tiro es obviamente cruzado, con los ojos cerrados. Y ahí va Bravo, y vamos todos. ¡¡¡Y contiene!!! ¡¡¡Bravísimo!!! Explota Chile.

Último penal para los nuestros y ahí va un humilde, eficiente y disciplinado volante, también defensa, de la Roja, el Gato Silva. Acostumbrado a un rol secundario, el flash lo tiene encima. El rostro del Silva está contraído, una mezcla entre gato arriba de un helicóptero y un experto jugador de póker. ¿Es presión? ¿Es concentración? Simplemente es Silva, un laburador sin marketing, pero tremendamente cumplidor, y es él quien cruza el balón por abajo, sentenciando la final y la Copa. ¡Espectacular!

Chile es un carnaval, un país emocionado. Y la Selección nuevamente se alza con un título, en menos de un año, doblando todo lo que nunca antes se hizo. Equipazo. ¡Qué noche inolvidable! La Roja destruye por segunda vez al fantasma de toda su vida, Argentina, reconvirtiendo la realidad, intercambiando los roles, generando un nuevo relato ganador y la construcción de modernos y fantásticos reglones a nuestra biografía pelotera.

TERCERA PARTE

Una historia de fútbol

—¡¡¡AHÍ VIENE EL BUS!!! —gritó el Cayuya, apuntando a una vieja micro amarilla que trastabillaba por el cemento a contramano del mundo.

Inmediatamente, todos se cagaron de la risa. Es que la planificación del viaje no había resultado fácil; por la distancia, los permisos, los gastos, la época, todo. Desde que el club formativo Universidad Católica de Rinconada de Los Andes recibió la invitación para participar del torneo, cada día había escupido un nuevo «pero», un nuevo problema. Sin embargo, a pesar de ello, después de rifas y anticuchos, finalmente ya estaban todos ahí, esperando tranquilos en la vereda afuera de la sede por la nave que los llevaría al sur de Chile, precisamente a Calbuco, en la región de Los Lagos, a unas largas diecisiete horas de distancia.

Sin embargo, la micro amarilla, canchera y llena de cumbia, no siguió trastabillando por el camino, y se estacionó justo en las narices de todos ellos. El técnico Julio Villarroel esbozó una leve sonrisa nerviosa y se acercó al conductor.

—¿Va a Calbuco? —preguntó, mientras un gastado sonido de puertas abriéndose declaraba en modo amor violento la respuesta: efectivamente, la amarilla era la nave.

—¡¡¡TRAIGAN UNA BACINICA!!! —gritó esta vez el Cayuya.

Una vez más, envueltos en la típica tragicomedia nacional, todos se cagaron de la risa. Por lo demás, bien poco les importaba a esos muchachos de catorce años en qué iban a llegar; el simple hecho de cruzar más de mil kilómetros del país, conocer otros lugares, medirse frente a escuadras absolutamente desconocidas, impregnaba la aventura tanto que el envase no cubría sentimientos.

La micro, noble e hidalgamente, resistió el larguísimo trayecto e incluso la tortura de un casete de Pablo Herrera que una de las apoderadas del viaje se dio la tupé de hacer sonar. Luego de aquello, el equipo de Rinconada de Los Andes estaba para cualquier cosa. Y fue con esa convicción que se asentó el grupo en el liceo de la zona: con *agüita helá* en la ducha y harto *tallara* en los platos. No importaba nada, la *hueá* era jugar, demostrar el alto nivel de la provincia y, ojalá, llevarse el primer gran trofeo regional a las estanterías del club. Sí, en el sur del mundo, sin cámaras, ni lujos, pero para ellos era su Champions, su Mundial, ¡su vida!... En el fondo, ese sencillo rinconcito donde partían sus sueños.

El campeonato, que se disputaba en la cancha municipal, se distribuía en dos grupos de cuatro equipos. El conjunto de Los Andes fue a parar al grupo A. Y de entrada pegó duro ganando en un partido movido y cerrado al cuadro local por 3-2. Lo celebraron con el alma y unas merecidas bebidas con harto gas, pues el trabajo del año se veía reflejado sacando un juego chivo. Tras el prometedor estreno y un par de triunfos más, se ubicaron primeros del grupo.

Tocaba entonces la semifinal, el sábado 18 de enero de 2016, a eso de las diez de la mañana, con un día profundamente soleado. El rival, nada más y nada menos que Ferro Llanquihue, el gran favorito que, por cosas del fútbol y de rotación, quedó segundo en su grupo. El técnico Julio Villa-rroel estaba nervioso: era su primera gran semifinal y también sabía que el desafío era bravo, porque el oponente jugaba bien y, como se decía por esos lares, «estos cabros chicos toman leche de ballena»; el más pequeño medía 1,75.

La charla no revistió grandes indicaciones técnicas, pues el 11 estaba claro y ya venía como relojito. «La pelota al piso y a jugar como sabemos», fue la descarga de presión, seguida de una arenga a las entrañas. Una vez parados lado y lado, la diferencia de estatura y de envergadura se mostraba más que evidente. Y en la zona de ataque estaba el Ronaldo, el chiche de Llanquihue y goleador hambriento de la región. Pelo rapa-do, cara de veneno y corpulento, el Ronaldo intimidaba hasta al mismo Chiqui Chavarría. El equipo del profe Villarroel no alcanzó a hacer ni pie cuando ya estaban 0-1 abajo tras una pepa del Ronaldo que entró adelantado, aunque definió fino de puntete a la esquina. Y no fue solamente el golpe del gol tempranero, porque el trajín era de contacto y el equipo de la quinta cordillera sacaba el boleto perdedor en todas. Puñetes, codos y rodillazos; fútbol mañoso, charrúa, arbitraje de campo y a tragársela. Así terminó la primera parte, con el 0-1, jugadores nerviosos, moreteados y con el centro delante-ro titular, una de las grandes figuras de la escuadra, lesionado y ensangrentado, debiendo ser sustituido por el Víctor, un chico de condiciones pero más banca que cancha. La mano parecía venir durísima.

Y todo esto se confirmó al minuto del segundo tiempo: un descuido de la zaga y nuevamente el Ronaldo, vivo y rápido, embocaba abriendo el pie, generando el delirio de su banca y la gruesa hinchada que los acompañaba. Se creyó sentenciado. Sin embargo fue justo en ese instante cuando aparecieron los elementos esenciales del fútbol: la pica, el orgullo, las oportunidades y el espíritu de equipo. Villarroel pateó el tablero, hizo tres modificaciones arriesgadas y volvió a la pelea.

—¡Vamos mierda, no cruzamos todo Chile para llorar! —espetó con fuerza, ya no hablándole a niños, dirigiéndose a futbolistas.

Y llegaría la reacción. Ingresaron el Yiyo, el más chico de todos, un pirigüin de doce años encarador y choro; el Vicho, no muy técnico pero de los más esforzados, a meter *perso*; y el Fabi, el típico talentoso irregular que cuando se enciende deja la cagá. Y pasó. Al ratito el Fabi puso un pase entre líneas al Víctor y este la mandó a guardar al ángulo, reclamando cancha. E insistieron, e insistieron por abajo, con toque al espacio. El sol a esa altura estaba secuestrado por las nubes, pero las piernas de los jugadores de Los Andes estaban acaloradas como nunca. Hasta que, en el último minuto, un centro llovido al área que peinó el Vicho y dejó solo al Chicoria, un talento de cerro y barrio que reventó el gritó de golazo. Emotivísimo. Partidazo.

La resolución quedaba ahora en los penales.

Villarroel se acercó a su hijo Sebastián, el portero, y le preguntó cómo estaba. La confianza del arquero era clave para este tipo de definiciones. El joven, que meses atrás había perdido a su prima y mejor amiga producto de una leucemia, no tuvo dudas:

—Lo gano por ella —dijo y, revestido por la fuerza emocional, se hizo inmenso dentro del arco.

Vino el Ronaldo, bajo la leyenda de nunca fallar un penal. La tensión era profunda, pero el arquero se mostraba relajado, aguardando el movimiento corporal del delantero. Ronaldo avanzó firme, inclinó el cuerpo, mientras una luz desde el cielo por entre las nubes señaló el lugar correcto: la cruzó como un cañón y el Seba fue ahí mismo, tapándola en el rayo divino. ¡Tremendo!, ¡espectacular!

Quedaba un penal y ahí fue el Cayuya, sin bacinica, y de un zurdazo de ojos cerrados tiró la última talla, metiendo a su equipo en la final.

Al día siguiente fueron campeones y dieron la vuelta en el sur de Chile, llevándose el trofeo a sus vitrinas y un recuerdo que nunca va a agotarse, que siempre tendrán presente. Varios de ellos hoy hacen sus armas en las inferiores de San Felipe y el profe Villarroel cursa su primer año como técnico en el INAF. Villarroel dice tener muchos sueños, pero asegura que esos niños serán por siempre en su corazón «el mejor equipo que dirigiré en mi vida». Volvieron en la micro amarilla, a contramano del mundo, con la copa y una historia de fútbol.

El Quisco

Le decían El Quisco porque ahí vivía. Quería ser futbolista. Lo intentaba en todos los puestos, aunque él aseguraba ser puntero izquierdo. Hasta que llegó su gran oportunidad. La sub 19 del Wanderers jugaría previo al duelo de los adultos en el mismísimo Playa Ancha. El técnico lo llamó y le dijo sin mayores ceremonias:

—Ya, Quisco, invita a tu familia, el domingo vas de titular.

El muchacho de diecisiete años, absorto, sin dar demasiado crédito, preguntó una y otra vez si no era broma; tras una buena chuchada de parte de su jefe, entendió que la cosa iba en serio. El anhelo escondido de jugar alguna vez en el fútbol italiano, de pronto, se materializaba en ilusiones sin pausa.

Emocionado corrió al primer teléfono público que encontró, rebuscó un par de gambas en los pantalones y llamó a su vieja para contarle la noticia.

—Voy a jugar, mami —dijo con tono acelerado.

Ella, que no veía de buena gana que su muchacho fuera futbolista, se rindió ante el efecto cristalino de una voz honesta; entendía que el sueño de su hijo era ese y no otro: daban igual las razones, se trataba de camino diario, de lenguaje latido.

No pasó ni siquiera una hora y ya toda la familia estaba enterada de que «el niño» pisaría los pastos del coloso de Valparaíso.

Los días previos fueron de absoluta ansiedad, pero también de concentración. La posición de volante central por izquierda no había sido nunca la suya de forma natural, pero ahí había trabajado en los últimos meses, y al parecer con buenos resultados, ya que tendría la chance de mostrarse en el juego más visible de la temporada. Al frente estaba, nada más y nada menos, que Everton de Viña del Mar, el eterno rival.

La noche anterior al juego prácticamente no durmió; imaginó una y otra vez el partido, también repasó, una y otra vez, las instrucciones elaboradas durante la semana: el 8 de ellos se descuelga y no debía perderle la pisada.

Se despertó con un nudo en la guata, puso en sus oídos unos audífonos de esos viejos de walkman de pilas mascadas y marchó con el rostro serio, junto a su padre, quien iba todavía más serio que él. Ambos entrelazados en el sentimiento mismo de la oportunidad, en el mismo deseo.

Elvis Presley no aquietaba los nervios, pero al menos el coro de «Suspicious Minds» le hacía mover su boca, quizás la única parte de su cuerpo que lograba moverse con naturalidad. Al llegar al estadio, su viejo lo miró y le dijo:

—Tranquilo, juega como siempre, como en el barrio, va a salir todo bien.

Luego le besó la frente y le dio una cachetada fuerte-fuerte en la mejilla para que despabilara. Y despabiló.

La charla fue concreta, se repitió lo mismo que durante la semana y terminó con una arenga bien gritada y llena de garabatos sumergidos en emociones profundas: se tocó la rivalidad, la familia, los sueños. Con el corazón acelerado, El Quisco ingresó a la cancha y, aunque las gradas aún no estaban llenas, pues faltaban tres horas para el partido central, el hecho de mirar a la preferencial y ver a sus abuelos, tíos, primos, hermanos, viejo y vieja, obviamente, lo hizo tragar saliva. Saliva seca, saliva tensa. El Quisco no era un titular indiscutido ni mucho menos, pero era de quienes más entrenaba, el que más ganas metía; era de esos futbolistas confiables que si les dabas una instrucción, la cumplía. Técnicamente decente, tampoco Messi, pero, sobre todo, tenía garra.

Pitazo inicial y las piernas pesadas, poco a poco, comenzaron a soltarse. El primer contacto con la pelota generó el mismo alivio que genera el primer beso; se cortó el hielo. Sintió descontrol, mientras su cuerpo funcionaba sin pasar por los pensamientos.

Las galerías comenzaban a llenarse y, con ello, la espontánea adrenalina del juego; el ánimo se volvía intenso y golpeado.

El juego se desarrollaba básicamente por la derecha, así que demasiadas intervenciones no tenía. Un bonito cambio de frente, una buena patada al 9 rival y siempre bien atento al 8, a quien manoteaba, tiraba de la polera y suspiraba tiernas palabras que aprendió en la calle viviendo. Porque así creció El Quisco, perdiendo y ganando el tiempo consigo mismo, junto a la pelota corriendo, sumando amigos, hasta que fuera la hora de la once y volver a su casa bien hediondo y contento.

En el entretiempo fue felicitado por su técnico:

—Bien Quisco, vas bien, hueón.

En la tribuna, su familia conversaba cada una de las acciones en que su orgullo participaba. La abuela incluso reclamaba:

—Se la pasan demasiado poco.

Playa Ancha ya tenía cerca de ocho mil espectadores, los cánticos y el bombo comenzaban a hacerse presentes. La sangre hervía, así como el partido, que no se destrababa y seguía su curso por derecha: el 10 del Everton viajaba por ahí y el 7 del Wanderers era el distinto. El enganche del equipo viñamarino era jodido, pisaba y hablaba, además de mirar el espacio sin preocuparse de la distancia. La cantidad de chuletas que se ganó esa tarde. El 7 del Wandereres también tenía lo suyo: enganchaba sin pelota, con los ojos. El Quisco, al lado de esos dos, era un jugador modesto, pero nunca estuvo quieto, y al árbitro le sacó la madre. De barsa, ni siquiera se justificaba, pero estaba ahí. Se ganó la amarilla.

0-0, minuto 85, contragolpe para el Wanderers. La lleva el 7, va encarando, parece imparable, hasta que lo bajan; sin embargo, la pelota queda suelta y la toma el lateral del local. Parece una pichanga, porque todo está concentrado alrededor de la bola, salvo El Quisco, que está solo por la izquierda; el lateral lo ve y se la lanza, la recepción fue buena y tiene el tiro. La familia completa se levanta, como todos los de camiseta verde. Un segundo estancado en la cabeza del muchacho que duda entre el puntete, el empeine o colocarla con el interno. El arquero sale un poco, pero no cubre demasiado, aunque eso daba lo mismo. Cerró los ojos: ¡¡le pegó con el alma!!… Sin embargo, la pelota salió disparada a la galería rival, en velocidad supersónica, a la altura del penal de Higuaín. El Quisco recién volvió en sí cuando ya había pasado la mejor pifiadera de la tarde, porque no alcanzó ni para el «uuuhhh».

El partido terminaría 0-0 y nuestro héroe no volvería a ser titular. Sus sueños italianos también se extinguieron.

La historia su padre la cuenta en cada asado familiar, sin frustración, cagado de la risa, como se cuentan las historias de vida. Él, ya más calvo y arrugado, asiente con la cara colorada, como se mira algunas veces el pasado. Pero es su momento protagónico, siempre, cada vez que se prende el fuego. Y lo revive, y mueve el pie, y jalea su cabeza.

Años después conoció a la que es ahora su señora, a ella le dijo que el problema había sido de la cancha, que estaba dispareja. No hace mucho, fueron juntos al estadio y, en la misma posición, el volante Marco Medel falló una jugada idéntica y la mandó adonde mismo. Con los ojos bien abiertos, él la miró y le dijo:

—¡¿Viste que era la cancha?!

Y ella, sin quitarle la vista a esos ojos que no estaban en Italia, riendo le contestó: «Sí, mi amor», y lo abrazó fuerte.

La gran Carepato

Tú no sabes lo que era el Jota en esa cancha, ¡es que era un espectáculo!… Yo sé, yo sé… Sé que has visto de todo, no me pongas esa cara, no te quiero ofender, pero viejo, ¡es que el Jota esa tarde se sacó todos los balazos que llevaba en el alma! Y despejó, de punta y sin arrugarse, toda la mierda que tenía adentro. Y mira que llevaba mierda, porque días antes supo que la Flo, la mina de toda su vida, se los ponía con el Manuel. ¡Sí, maestro, con el Manuel! No te rías así, pobre Jota… Es que si te cagan, uno esperaría que la chiquilla pique por algo más alto que uno, pero se los puso con esa desesperanza de ser humano. Esa hueá hunde a cualquiera. Y no se trata de ser superficial, pero el Manuel desencaja hasta al sol en un día de playa. Imagínate la mochila que le puso la flaca al pobre del Jota: ¡es que le plantó un estigma al ego! Da para arrancarse del país, hacerse la cirugía y que no te vean más. Y más encima el Dani, que no lo bajaba del columpio y lo troleaba a ritmo spam, con esa risa de hiena sin hambre que tiene el muy hijo de puta… No, no, no… Pobre Jota. Y no sabes la cara que puso cuando la mina llegó con el gordo ese de la mano: DES-FI-GU-RA-DO. Y el Dani, chucha, el Dani…

¿Si ya se los había puesto? La verdad es que no sé, pero sí que esa nube de esmog con pena ahora la lleva de la mano

—y de día, pos hermano. Y el Jota, hermano, el Jota es más bueno que el agua del sur; siempre preocupado, mandándole mensajes, comprándole flores, ahí bien Romeo, vendiéndola. Sí, yo también creo lo mismo que tú, si te ponís calzón, la perdiste. El hombre enamorado tiene que ir graduando, tampoco se trata de ser un culiao, pero si andas babeando todo el día, al medio round te la hicieron. Y el Jota, bro, el Jota caminaba con el calzón en la boca y lleno de baba.

Todos sabemos que el Jota en el fútbol talento no tiene, va con nosotros en la grupal, por hacer algo y matar la tarde con una chela. No, nunca ha sido titular, pero algunos minutos lo ponemos: paga la cuota siempre a tiempo, asiste a todos los partidos y además pasa a buscar en auto al José; viven a cinco minutos, y sin el José estamos en la rama, jugo en polvo. El Jota es clave. Pero el destino es así pos, y ese día el Jota tuvo que salir en el 11 titular porque al Alfredo se le casaba la hermana. Sí, la hermana, esa rubia exquisita, una lástima, pero vos sabís pos, el chancho siempre ha estado mal cortado. Hasta minuto de silencio hicimos por esa pérdida.

Piensa en el Jota, ahí, al medio, viéndola pasar y la Flo regaloneando al globo ese. Maestro, si le falta hasta el colmillo derecho. No, pobre Jota, yo me pongo en su lugar y me quedo corto. Fui y le dije que no mirara tanto a la línea, pero respiraba garabatos. Había que entenderlo. Al menos iba a meter la pierna, eso fue lo que pensé, y le dije al Dani que parara de mearle la alfombra. El Dani, hueón, el Dani gozaba haciendo sufrir al pobre Jota.

—¡Mira, le está tocando la pierna! —le decía el muy desgraciado. Y el Jota tratando de hacerse el gil, como mártir en la cancha, bloqueando el reojo.

El partido estaba parejo y el Jota era un león, no pasaba nadie por ahí. Hermano, es verdad, no estoy exagerando. ¡Lo que mordía! ¡Ni el pie plano se le notaba! Y cuando la tenía, hasta cambio de frentes se mandó. Sí, siempre buscaba al José, como todos. Ordenadito, nada de lujos hueones: un 6 leñador y disciplinado. ¿La flaca? Ahí seguía mordiéndole los labios al Manuel. Sí, camboyana, cero respeto. Yo no sé si el Jota se mandó alguna cagada, pero esta mina le metía todo el dolo y el veneno. Si hasta yo le veía la lengua. ¡Y ESTABA A TREINTA METROS! No, hermano, de verdad la escena daba susto. El Dani decía que era mejor imaginarse una escena de amor entre Eduardo Frei y la Martita. Sí, a ese nivel.

Íbamos 2-1 y no quedaba mucho. El Jota ya tenía amarilla por una caricia, nada grave. Pero el despliegue del Jota, es que bro te conmovía. Y además de pierna, se cunteó al árbitro, los palabreó a todos, ¡le hizo hasta un «Pato Yáñez» a la barra de ellos! Sí, maestro, completo, de clínica, pa video.

Como te digo, no faltaba nada, estábamos mariconeando, tocando pal lado, estilo Carvallo, bien noventero…, hasta que el Dani se las dio de bueno y cancheró de más: bro, el 7 de ellos era una bala, si se dedicaba a lanza, puta, se peinaba y dejaba a todas las abuelas del paseo Ahumada sin cadenas. Claro que había estado contenido porque ellos mucho fútbol no generaban, pero pilló cancha y, hermano, dije al toque: cagamos. Se iba, se iba, se iba… Pero no me vas a creer que al Jota todavía le quedaban piernas. Es que un hombre con el orgullo herido es capaz de todo: de lo más brutal y absurdo, pero también de la heroica.

El 7 ya estaba en la media luna del área nuestra y el Mirko, que no llega ni al metro setenta, parecía hilacha en medio del arco. ¿A acortar? Qué va a salir a acortar ese, juega más parado que soltero en topless. Por algo le decimos «colador», pero tiene raja; además él quiere jugar al arco y es el único que tiene guantes. Pero ahí venía el Jota, maestro, si daban ganas de llorar… ¡Era el partido de su vida! ¡Era la reivindicación de su vanidad! Al 7 ya lo tenía casi pillado y fue justo en ese momento cuando el Dani, desde atrás, en la desesperada, le gritó:

—¡¡¡La gran Carepato, conchatumadre!!!

Y el Jota, que estaba inspirado, se acordó al toque de cuando el Carepato Díaz se bajó al moreno Willian en el comienzo de las eliminatorias para Rusia en el Nacional; sí, íbamos empatando a cero y justo el brazuca se escapaba solo, hasta que llegó Marcelo Díaz y desde atrás lo chantó de hocico al suelo. Fue clave. Después ganamos 2-0. El Jota, hermano, se apoderó del espíritu del Carepato y le plantó un chuletón-tacle que le cambió la dirección a cualquier eco. ¡Lo que voló ese 7! ¡Lo que voló! Sonó como un guatapique. Y quedó ahí, en coma, chantado en la tierra, ni se movía. Sí, también se gana pegando, y perder de pavo, caballero, no es de barrio. ¿El Jota? No esperó ni la roja, se fue caminando en medio de toda la gloria, hasta con aplausos, y se quedó afuera esperando el tiro libre, palmoteado por todos, como un héroe.

El tiro libre se fue como a cinco metros: ganamos 2-1.

Cuando nos íbamos, el Jota, que se llevaba todos los abrazos, pasó por el lado de la Flo, que seguía viboreando con el gordo Manuel. ¿Qué hizo? Nada, digno el Jota, ni la miró.

Raúl

Sagradamente, alrededor de boleros cebollas y una televisión sin sonido transmitiendo alguna cancha del mundo, el mismo grupo de viejos se junta en la cantina del Borga a jugar al dominó; martes, jueves y domingos, entre las cinco y las siete. Algunos vasos de vino, conversaciones del hoy, a veces del mañana, siempre del ayer. Tanto era el tiempo acumulado para atrás que el saco de cuentos renovaba sin cansancio la lengua y las memorias. Sin embargo, como imán favorito de la nostalgia, un mismo recuerdo sobresalía por sobre los demás, y cualquier excusa reavivaba a aquel loco y canalla personaje. «¿Dónde estará?» «¿Qué será de él?», son aún preguntas frecuentes. Por lo mismo, cada vez que la mesa presenta a un nuevo invitado o algún curioso merodea los alrededores del añejo bar, el relato de esa tarde de domingo, ya diez años atrás, vuelve a decir presente; por supuesto, una y otra vez, con nuevos y mejores retoques.

Aquella tarde, don José Benavente, el más letrado del grupo tertuliano, se sentía inspirado, y cómo no, si una joven y bella periodista se sentaba con ellos. ¡Cuánto tiempo que una señorita no entraba al Borga! Y ciertamente esto provocó frenesí y aire renovado al vetusto grupo de hombres. El pelado Víctor ajustó las pocas mechas que le quedaban para armar el bisoñé; don Efraín recataba la frecuencia de los sorbos; el Mono Jano, entre invadido y cautivado, no abría la boca ni cerraba los ojos; y don José, extrovertido y animoso, feliz organizaba la ceremonia. Por su parte, Carolina Figueroa, la obsesiva periodista que llevaba meses persiguiendo pistas sobre esta historia y principalmente de su enigmático protagonista, bebía lentamente una cerveza, aguardando atenta al inicio de las palabras.

Tras unos minutos de preludio, condiciones del tiempo y vida cotidiana, don José ya estaba listo para comenzar su narración favorita, no sin antes advertir que de quien hablaría ya nada sabía. Carolina encendió la grabadora y don José contó uno a uno los detalles de su vida, los días precedentes, el contexto en que se dio todo, los pormenores de ese domingo, el cotilleo posterior, y que nunca más lo volvieron a ver. Tras dos horas y media, Carolina Figueroa sabía que entre manos tenía una gran historia para la revista en la que trabajaba; que aquellos rumores de ese desgraciado capitán eran ciertos; que buscar la versión del pobre árbitro sería una canallada; y que, inevitablemente, seguiría buscando a Raúl.

Un vil bandido, así se reconocía Raúl frente al espejo social de las conversaciones. Efectivamente, no temía ser considerado un villano, por el contrario, el ruin perfil le parecía cómodo y no dudaba en exagerarlo. Y lejos de aislarlo, el placer oscuro de su silueta arrogante definía una identidad clara y lo rodeaba de secuaces. Tampoco es que su paso generara miedo, pues violento no era, pero sí infundía severo respeto. Claro que su lengua sí aplastaba a cualquiera que quisiese combatir, demoliendo en carcajadas al enemigo de turno. Observador e hiriente, dejaba frágil al más grande y robusto oponente. Y, engreído como pocos, descreía de los lazos del amor, sirviéndose de su aspecto agraciado y varonil para coquetear, conquistar y arruinar a cuanta mujer lo mirase a sus ojos color negro infinito. El moreno alto de chasca desordenada y voz ronca desnudaba noche a noche la pasión contenida de adultas y jóvenes; viudas, casadas y solteras; cualquiera que así lo quisiese, y también a cualquiera que ingenuamente pretendiese negarse. ¿Qué tenía Raúl? Probablemente el interés que da el misterio, la claridad estratégica del desapego y la seguridad de una voz que no prometía más que presente. Y como amante en palabras y contacto era excelente. Seducir era un juego y, como en todo lo que hacía, nunca dejaba de jugar. Sí, Raúl era un maldito galán.

De familia modesta y barrio humilde, Raúl no se sentía a gusto. Es cierto que aprovechaba su carácter, estilo y aguda inteligencia para sacar ventajas en todo lo que necesitaba: a Raúl nunca un favor se le negaba. Pero sus aspiraciones eran otras; no le bastaba con no tener hambre, él quería comer mejor; no le bastaba con haber ido al sur el verano pasado, él quería conocer el mundo. Y encerrado ahí en el barrio no lo lograría…, ¿pero cómo alcanzar esa ambición que mordidamente lo torturaba a diario? ¿De qué podía servirle ser el puto amo de la villa si no era feliz? ¡Cómo odiaba la Champions League! Y solo por el hecho de ver esa otra realidad de la cual no formaba parte. ¿Estudiar? No, Raúl nunca lo pensó como posibilidad, ¿con qué dinero?, ¿cuánto tiempo?, y ¿qué? Raúl no tenía memoria para nada, salvo para el fútbol y aquello no se estudiaba, se vivía. ¡Qué pasión sentía por el fútbol Raúl! Exagerada, desbordante, permanente. ¿Una pichanga, Raúl? Y todo lo demás se congelaba.

La vieja, larga, casi interminable calle Melinka arrastra polvo, mucho polvo, y años de partidos de horas y horas entre pequeños que en su mayoría tienen el mismo anhelo: estirar los pensamientos infantiles al futuro y convertirse en jugadores de fútbol. Y es en esa calle donde cada uno de ellos cree decidir los primeros minutos de su destino. Y si bien validarse en Melinka no asegura pisar una cancha profesional, sí es un paso determinante para pararse en la tierra el día domingo y usar la azul y blanca de Reumen, el orgullo vecinal. Ningún club de la comuna tiene tantos títulos como Reumen, ni tantas participaciones en los campeonatos amateur a nivel nacional. Jugar en Reumen constituye, dentro de aquellas cuadras, una consideración diferente por parte de la gente, también deseo personal y orgullo familiar. «Antes que Colo-Colo o Universidad de Chile, está Reumen», reza un lienzo en la sede social del club. Y así lo creen.

Por más que mes a mes se realizara una completada bailable para reunir fondos para los gastos del club, esa noche fue distinta a todas las otras y sería el marco de quiebre de todo lo que vendría.

Nunca Raúl había podido ser honesto con sus sentimientos, quizás porque seriamente no quiso dedicarle tiempo, probablemente porque hasta ahí sus objetivos nada tenían que ver con el corazón, con total seguridad porque le aterraba sentir el rechazo y ver de frente el fracaso. Su alma naturalmente pedante huía de cualquier exposición que lo enfrentase al rebote. Por eso, aun cuando contaba con el talento suficiente como para intentarlo, el valioso 8 del Reumen nunca probó suerte en un equipo profesional. La vanidad llevada al extremo del miedo. Y así mismo, tampoco nunca usó sus dotes de conquistador infalible para atrapar a la única mujer que lograba hacerle transpirar el pulso: Constanza, la bella y especial Constanza. Siempre fue un amor en silencio, alucinando que la olvidaba, retrocediendo frente a ella, mirándola de costado. Pulcra, metódica y trabajadora, Constanza destacaba por sobre las demás muchachas del lugar. Mientras el axé iba en moda, ella ajustaba sus piezas emocionales con Pink Floyd o Los Tetas; si la revista leída contaba chismes de la televisión, lo suyo eran los poemas de la Mistral o los dilemas de Agatha Christie; durante los partidos de Reumen ella miraba el juego y no las piernas; y cuando estaba sola en su habitación soñaba en dibujos y el mundo, esperando conocerlo. Con Raúl uno que otro diálogo alguna vez, mas esa fanfarria de don Juan poco congeniaba con ella. Aunque sí le reconocía una capacidad sobresaliente en la cancha, lo que más le irritaba, pensando para sus adentros, era que no se trataba más que de un pobre pueblerino cobarde al que le acomodaba el confort de lo mínimo.

Aquella noche el presidente de la época, don José Benavente, dio un sentido discurso y confesó que el club estaba con un gran déficit financiero. Si bien no dio grandes detalles, ni explicó las causas, sí adelantó que la ayuda social con que el club asistía a un número importante de miembros, como comida, útiles escolares y transporte para las actividades, debería terminarse por un tiempo. La desazón y conmoción fue inmediata y colectiva. Incluso el frío e individualista Raúl sintió el golpe; miró los rostros del alrededor, de su gente, y sintió angustia e impotencia. Algo había qué hacer, ¿pero qué? El capitán, quien por primera vez se desligaba del manto de estrella, asumía la responsabilidad entendiendo que él debía tener una solución. Entonces pidió la palabra y delante de todos se comprometió a que nada grave pasaría. Nadie preguntó cómo lo haría; el ida y vuelta de emociones no lo permitía y la estampa de Raúl era suficiente. Constanza sí sospechó, y la intriga volcó el interés en el aclamado jugador.

Raúl era aclamado por todos, mientras él no sabía bien cómo sentirse; por un lado nunca antes fue tan sinceramente querido, pero por el otro nunca antes fue tan miserable. Pero al ver el alivio de todos esos rostros cotidianos y familiares, al recibir el afecto de la felicidad compartida, no lo dudó. «Es lo que debo hacer», repitió varias veces. Ahora sí se sentía importante y trascendente. «Pero ¿volverán a mirarme a la cara si se enteran?», también era una pregunta que martillaba su respiración.

Esa noche Constanza se veía más linda que nunca, no por algún arreglo en particular, sino porque estaba más cerca de él. Y hablaban. Ella aún con la suspicacia del pasado y el actual acontecimiento, pero no quedaba ajena a la euforia colectiva que entregaba a Raúl el crédito de un pequeño salvador. Y hablaron de ellos, del mundo, de sus sueños… Los ojos envolventes de Raúl recorrieron el cuerpo de la muchacha; y la ferviente pasión por doblegar la inercia del ahora de Constanza, quebró la coraza del galán. Aquella noche fue tan breve para ambos como larga en el loco tiempo del amor. Y mientras Constanza anhelaba el mañana, Raúl no quería que llegara. «La voy a desilusionar», sabía, bien lo sabía. Y a una habitación trasera de la sede, perdidos en el vivo sentimiento de la cumbia, se fugaron.

A la mañana siguiente, el teléfono del hombre del maletín sonó. «Acepto», fue el breve mensaje para sellar el acuerdo.

Raúl, en su incesante búsqueda de caminos que abreviaran sus objetivos, jugaba billetes con frecuencia en todo tipo de apuestas. La sensación de acercarse con un movimiento y en un solo segundo a aquello que deseaba le causaba una imparable adicción. Cada día para Raúl podía ser el inicio del resto de sus sueños. Fue así como en aquella escalada —o descenso— lo conoció. Tras varios intentos fallidos, esta vez la suma superaba con creces todas las anteriores. «Son cinco millones para ti, cinco millones para el árbitro. Todo en *cash*. Fresquito.» Lo único que debía hacer el volante del Reumen era jugar para atrás y provocar la derrota de su equipo. «Pega una patada en el área, reclama y el resto lo va a hacer el árbitro. Al termino del partido sabes dónde encontrarme.» ¿Tanto dinero para un partido de barrio?, le resultaba difícil de creer. Sin embargo, la mirada del hombre no invitaba a la broma, todo era serio. ¿Y por qué me lo dice a mí? Y si me niego ¿qué hará el árbitro?, se preguntaba junto a las dudas. El hombre remató con lo que parecía una cosa sentenciada: «No seas hueón, esto se va a hacer igual. Di que sí y en tu mano cinco palitos». Raúl no contestó nada en ese momento, pero aquella noche don José Benavente contaría el drama del club.

Los días con Constanza fueron lejos los más felices de su vida. Han viajado tanto en sus conversaciones, incluso ya fijaron residencia en Barcelona. Pero en paralelo la cercanía con el partido alteraba su calma, perturbando su conciencia. «Qué importa, solo un partido. Y es por el bien del club», se decía. ¿Acaso el amor lo había vuelto un moralista?

La noche previa Constanza le pidió un gol. Y se sintió miserable.

Al llegar a la cancha, la multitud del Reumen los recibió como pocas veces. Y ya no quería perder.

Observó al árbitro en el sorteo y este le guiñó el ojo. Raúl no replicó gesto alguno, solo sintió asco de sí mismo.

Cuarenta y cinco minutos del primer tiempo y el número 8 del Reumen, siempre clave en el circuito colectivo de su cuadro y que ha tenido una actuación pálida e imprecisa, es expulsado luego de una clara falta por detrás en área pequeña.

Fue una falta absurda, innecesaria. Como también su reclamo. Constanza, desde la tribuna, creyó entenderlo todo. Gol.

Durante el entretiempo, un camarín exaltado que se ve cayendo en cuartos de final contra un equipo discreto y al que siempre han superado, exige una explicación. No pudo más y confesó que se había vendido. Nunca el silencio le pareció tan agresivo y filoso; nunca el rechazo lo había vivido de manera tan directa y dolorosa. Claro que ninguno de ellos detectó la relación entre aquel hecho y el dinero que el club recibiría por parte de Raúl. Él tampoco lo antepuso como excusa.

Reumen, con dignidad y pica, salió el segundo tiempo por el rescate de su honor. Pero el delirio y confusión de la situación no fue superada. Tampoco la ausencia de su capitán y mejor jugador. Ni tampoco soslayaron al árbitro, que privaba cada uno de los ataques con extraños cobros. Y así cayó el segundo del rival.

Cuando todo estaba consumado, Raúl, antes de marcharse, le soltó al Gordo Pifia, el más violento de los violentos, el otro resto de verdad: el hueón de negro también está vendido. Quedaban apenas unos minutos para el final del encuentro pero el veneno astuto tenía una causa y la consecuencia de sus palabras un obvio desenlace: el árbitro recibiendo la mayor paliza de su vida en plena cancha.

Raúl miró a Constanza, quien no sabía ciertamente lo que estaba pasando. La miró en un segundo para siempre y sin voltear se marchó. Merece algo mejor, se aseguró tragando saliva.

Al llegar al estacionamiento acordado, recibió su maletín con el dinero. No obstante, encañonó al hombre con un revólver y le exigió además el maletín que correspondía al árbitro. El sujeto simplemente soltó una oscura carcajada, como si lo aprobara, y le entregó el otro maletín. «Ya me encargué de que no dirija más», dijo con ambos maletines sujetados con la mano izquierda, mientras la derecha aún apuntaba sobre el cuerpo de un tipo del que no se fiaba. Caminó de espaldas unos metros y luego corrió.

Con una carta explicando todo, dejó un maletín en la casa de don José Benavente. Y a Raúl, hasta ahora, nunca más se lo volvió a ver.

La señora Mireya

Todos los días después de almuerzo hasta la hora de la once empezaba la batalla en el pasaje: dos equipos, sin camisetas y a la vista tú pa allá, tú pa acá, buscando que quedara parejito. Y le dábamos y le dábamos, sin cansancio. Nos reíamos, nos picábamos, peleábamos, crecíamos. Pero había una villana, una enemiga: la señora Mireya. «Hueón, que no se vaya la pelota para allá, ¡porfa!», era un ruego asumido entre todos y que nunca, ningún día, se cumplía. ¡Y pam!, un pelotazo se escapa a las plantas de la casa de la señora Mireya. Había veces en que éramos más rápidos y conseguíamos saltar la reja, pisar un par de plantas y volver con el tesoro. Pero la mayoría de las veces, bien pendiente, bien astuta, ella aparecía y con semblante serio la tomaba y simplemente se llevaba la pelota.

A veces, después de horas y horas, 54 a 54, caía el balón en su jardín y cagábamos. Obvio que podíamos ir a jugar a otro lado, pero era el único lugar propio, nuestro, donde no debíamos esperar que hubiese alguien. Era perfecto, salvo por la señora Mireya. Al final del día alguno de nuestros padres iba donde ella y rescataba la pelota, pero ella no alteraba su posición. «¡Esto no es un estadio!», decía, y fin del tema. Y así fue hasta que ya jugábamos menos, y el horario del colegio iba ahogando, y las espinillas eran testimonio de que la de al frente no era solo una vecina y el corazón como que latía.

Hoy, después de mucho, tras haberme cambiado de casa, pasé por ese mismo pasaje: me sorprendió y emocionó ver que había cabros chicos jugando en la calle, y ahí, más viejita, pero bien atenta, estaba la señora Mireya sentada en una banca. Cuando ya me iba escuché un pelotazo y un «¡¡noooooo, pa allá noooo»… Me di vuelta y la señora Mireya, con el mismo semblante de siempre, se paró bien rápido y atrapó la pelota. No la devolvió, al contrario, se entró a la casa. Y ahí me di cuenta de que ella, a su modo, también estaba jugando, y lo sigue haciendo.

La mina del paradero

Tecnológicamente no hay nada más inútil que el botón peatonal de los semáforos: nunca ha servido ni nunca va a servir. Y ahí estaba ella, apretando varias veces el botón, alterada al comprobar que no tenía el control. Reclamó al aire y se cruzó de brazos. La miré, la miré, la miré, pensando lo obvio: ojalá que se suba a la misma micro que yo, dale, sube, sube...

Y así fue: la misma micro y un destino cercano.

Esto fue en marzo y debo reconocer que nuestro primer diálogo llegaría varios meses después; quizás mayo, tal vez junio. Tampoco se me hizo una espera demasiado larga, pues era una época en que el viaje en esa ruidosa y abarrotada máquina solía ser el mejor momento para encerrarme en los libros de Hesse que por esos días me clavaban. Pero de perfil, mientras la masa a destino aplastaba el aire, iba ella, mi personaje favorito. ¿Pero qué podía decirle? Además, la vestimenta escolar poco me favorecía delante de esa universitaria de prendas a la moda y unos ojos casi amarillos que transformaban todo el resto en una sombra.

¡Qué gran motivo para levantarse era ver nuevamente esos ojos! Aunque fuese algo fugaz y casi siempre de costado. El colegio cobraba sentido en ese viaje, arriba de esa micro, con ella a unos metros. Sin embargo, tampoco puedo ser tan injusto y olvidarme de esas pichangas en los recreos. Dos equipos en medio del caos, una cancha compartida y a la guerra feliz. Y si no había pelota nacía la tragedia de los minutos lentos. Aunque era ahí cuando aparecían las artimañas de lo paralelo: un envase de jugo y listo, el «hoyito patá» erguía el pecho con el semblante de noble institución. ¡Cuánto soldado herido de ese juego! Y no era para menos, si bastaba con que en medio de gambetas el envase pasase por entre las piernas para que criminales patadas se fueran sobre el culo-espalda del incauto. ¡Cuánto llanto! ¡Cuánta saña! ¡Cuánta revancha! Recuerdo que llegó a tal, que nos prohibieron su práctica pero, como buenos hijos de esta patria, pillamos rápidamente el resquicio: «hoyito camotera». Pasamos de patadas a manotazos en la cabeza. Naturalmente, sería peor. ¡Qué grandes tiempos!

Un buen día ella llevaba una maqueta de la que definitivamente no sabía hacerse cargo en medio de tanta gente aglutinada. Era la oportunidad de hacerme el lindo y lo hice, llevando su maqueta después de un nervioso, entrecortado y ruborizado: «¿Ttteee aaa-yu-do?». Me pasó el bulto inmediatamente, suspiró aliviada y me dio las gracias. Había escuchado su voz: cien millones de gritos de gol en mi pecho. También dijo que siempre me veía leyendo: mil millones de vueltas olímpicas en mi cabeza. De ahí en más, todas las mañanas nos íbamos juntos, conversando sobre cualquier cosa. Empecé a usar perfume. ¿Los libros? ¡¡Chao!!

Llegaba a la sala motivado, en la ilusión incontenible que nos damos los hombres delante de una falda bonita. Sería mucho decir que había mejorado en algo que llamaban «logaritmos», pero al menos ya no me quejaba. Y en los recreos ya no corría: volaba detrás del balón. Con las horas, mi vida volvía a la normalidad, hasta la mañana siguiente, y así. Conocía su nombre, reconocía su olor y tenía perfectamente claras las dimensiones de su cuello para saber la cantidad de besos para darle. También escuchaba a unos desconocidos The Strokes, su color era el celeste, contaba con un hermano, le gustaban las Morochas y soñaba con estudiar algún día en Nueva York.

Pasó el tiempo y llegó el día de su cumpleaños. Por supuesto, yo lo sabía: lo había anotado en mi agenda de clases. Pero ella no llegaba y no llegaba, y ya debía irme. Entonces tomé un papel y le escribí «FELIZ CUMPLEAÑOS» en una hoja de cuaderno que pegué en el paradero. Al día siguiente, al verme, me miró con esos ojos envolventes que tenía y me dio un abrazo detenido, largo, bien largo.

Ya era tiempo de mi fiesta de graduación y con ella quería bailar. Sin embargo, de pronto, sin saber el motivo o qué ocurrió, no la volví a ver. Inexplicablemente, desapareció; como si todo ese año hubiese sido una imaginación, en una de esas, un libro más. La verdad nunca la sabré. Recorrí calles, me quedé horas sentado en ese lugar que nos reunía, mas nada, se esfumó.

Siempre que me subo a una micro o estoy cerca de un paradero, la busco ingenuamente. Y cada vez que estoy cerca del engaño del semáforo, aprieto el botón, a ver si aparece.

El gol del Huaso

Amigo, usted no sabe cómo puteaba al Huaso. De verdad, me ponía loco. La tomaba el Huaso y me explotaba la chuchada. Es que no sé en qué minuto le empezó a tiritar la pera pa pegarle al arco. ¡Chesumadre! «Bomba, hueón, bomba», le gritaba, pero ahí venía el enganche y un centro sin fe. ¡¡Cómo lo sufría!! Además me daba rabia porque el Huaso cuando cabro se comía la cancha, jugaba de todo, pateaba penales. ¿Te acordái pal 2007 en el Mundial Sub 20 contra Nigeria? Pffff, se echó el equipo a lapa, el país entero al bolsillo, si incluso mi vieja lo terminó encontrando mino, ¡imagínate, pos!... Pero ahora merodeaba la cancha, con la vista en el suelo, el pelo opaco. Usted entiende. Y cuando se te cruza un jugador, se te cruza, ya no hay vuelta: o te cierra la boca, o se gana la mierda. Esto es así: un escupo sincero, brutalmente emocional; fútbol, al fin y al cabo.

No me acuerdo de otro partido más tenso. Si hasta las moscas se paraban al frente de la tele a mirar lo que pasaba. El hueón del piso de arriba siempre escucha los partidos por la radio, y como eso va más rápido que el cable, entonces grita los goles antes el muy hijo de puta. En más de una le reclamé, claro que esta vez lo único que quería era escucharlo. ¡Cómo quería escuchar a ese desgraciado! Pero no pasaba na, el muy canalla no gritaba el gol.

No compadre, me estaba muriendo. Sí, esta era la Copa, teníamos equipazo, era nuestro momento. Pero justo nos tocan estos uruguayos, con la montaña de historia y de piernas rodeando el área. ¡Si no salían de su lado! Y Chile iba, tenía la pelota, buscaba por todas partes… ¡Eran un frontón! Ellos querían penales, nosotros ganar. Corta. ¿El dedo de Jara? Elegante no fue, pero cuántas veces no han ganado a partir del chamullo y la maña, que no se hagan las princesas, alguna vez les tocaba leer el libro que escribieron ellos mismos. Además, el trámite no cambió en nada, si nunca salieron de su mitad.

Ya no sabía adónde escapar, qué cábala usar; hermano, me senté en todas partes. Llegué incluso a la conclusión de que cuando movía la pata derecha les llegábamos mejor. A ese nivel de locura. Y así estuve, moviendo la pata derecha como hueón desde el minuto 30. Un poco antes había entrado Pinilla y Matías Fernández. El Guatón Nelson, que ya estaba hinchado de tanta chela, aseguró que por ahí salía el gol. Puta el Guatón Nelson que es bueno pa la chela. Pero cuando se emborracha siempre lanza predicciones. Le gusta, es de esos que lee el horóscopo: el suyo y el de su expolola. Está cagado el pobre gordo. Pero no estuvo nada de lejos.

Quedaban diez minutos y, amigo, el corazón se me estaba por salir. Yo no quería penales, el Guatón Nelson tampoco, nadie en Chile quería penales. Salvo esos celestes transpirando huevos. Pero la pelota es la pelota y Chile la trataba mejor, mucho mejor. Noventa y nueve años quedando con las ganas, a medio camino, cuántas veces vimos esa película. Lo normal, la historia era esa: quedarnos ahí. ¿El Huaso? Yo lo puteaba por costumbre, porque así me aliviaba la carga, pero estaba jugando piola, siempre ofreciéndose, dando la descarga por su lado. Los jugadores adentro también estaban nerviosos, se notaba. Claro que nunca dejaron de buscar el gol, siempre fueron al frente, en la valiente.

Y en esa dinámica de ir, ir, el Guatón Nelson tomando chela y yo moviendo la pata, el Mati condujo sin prisa, buscó a Mena por la izquierda y este mandó el centro; saltó Pinilla, y obvio que también estaba Vidal; tuvo que salir Muslera, que la manoteó pero le cayó al Mago Valdivia cerca del área; cuando la aceleración era la norma, puso freno y tocó al lado… ¡AL HUASO! Y de pronto desde arriba se escucha: «¡¡¡GOOOOOOOOOOOOL, CONCHATUMADREEEEEE!!!». Dudé un segundo, por escepticismo natural, por prudencia nacional, por si por alguna razón de mierda algo raro pasaba y nos anulaban el gol… Pero ahí le pegó el Huaso con furia, descarga acumulada y el pelo brillante: medio Uruguay se fue encima, tratando de bloquear la pelota… ¡Cómo se gritó! Retumbaba el edificio… ¡Cómo lo grité! Mi garganta se dobló. Inolvidable.

Y lo ganamos; el Huaso Isla me tapó la boca. Sí, nunca se la voy a poder pagar… Si tengo un hijo, amigo, le pongo Mauricio. ¿El Guatón Nelson? Apagó tele en el sillón.

El hincha que revolucionó Rengo

Las calles de la comuna de Rengo están alborotadas, faltan pocas horas para la gran final. Buena parte de los negocios han estirado la acostumbrada pausa de la siesta, otros derechamente hacen la cimarra. Los espacios se concentran: la fiesta y el griterío por un lado; amantes devorándose a besos, en medio del silencio, por el otro. La calma de una urbe incipiente, entrelazada aún con los vestigios del campo y costumbres de pueblo antiguo, se ve alterada por la pasión. La plática de la semana fue constante, tanto que el viento ya murmulla lo mismo, y retumba como eco el día en que todo se define. No es necesaria la televisión, tampoco grandes sumas de dinero para la publicidad, aunque sí hubo un auto paseándose con un megáfono, aleonando a una comunidad que lo vive como un Mundial. La selección de Rengo viene invicta, ha ganado los ocho partidos anteriores, con treinta y un goles a favor y solo cuatro en contra; el equipo tiene dinámica y confianza, además de un valioso amuleto, de esos que quiebran el sentido de la realidad y llenan de fantasía y literatura el camino humano.

El técnico Gerardo Silva (Rengo, 1962) va de regreso a la villa olímpica, lugar de la concentración. Su pecho late, late fuerte. Va convencido, como quien ha nacido para desafiar el destino, pero también existe nerviosismo, sabe que es una oportunidad importante, quizás la más importante de su carrera: consagrarse con su gente, demostrar que es posible, y validarse frente a las estúpidas reglas, reglas atadas al miserable lenguaje de los prejuicios. Esos que dijeron que por no haber sido futbolista no podría dirigir; que por cojear —tras un fuerte accidente— no podría ser DT; que por no tener contactos era mejor dejar su sueño de lado. También para darle una alegría a su mujer, esa que le besó la frente un poco antes y le dijo que estuviera tranquilo, que todo iba a salir bien, esa mujer que lo apaña porque lo ama, esa mujer que supo hacer el frente a los bolsillos rotos de la familia en tiempos recientes.

La campaña del equipo anfitrión ha sido perfecta, nadie parece dudar del triunfo. Cualquier asomo de preocupación se despeja rápidamente al pensar en Hugo, la pieza más valiosa del equipo. Rengo no tiene a Maradona, tampoco a Cruyff, pero tiene a Hugo, y eso es aún más importante. Lo sabe el equipo, lo sabe el elenco rival, lo sabe todo el pueblo: Hugo ha sido la gran figura del campeonato, todos hablan de él y desde su presencia se inyecta la energía.

Es una tarde noche de febrero de 1996, faltan dos horas para el pitazo inicial. El bus está esperándolos y alrededor cientos de hinchas avivan el momento con cánticos; es la fiesta del fútbol. Sin embargo, algo no es normal, algo no anda bien. Las caras de los jugadores del equipo de Gerardo Silva tienen un semblante tenso. El técnico advierte el hecho, lo mismo el alcalde que ha ido a visitar al equipo. No está Hugo: ¿dónde chucha está Hugo?

Hugo, curiosamente no es delantero, tampoco volante, ni defensa, menos arquero: Hugo no es futbolista, es simplemente un hincha, pero nunca en la historia hubo un hincha más trascendente.

Ya antes del inicio del torneo, Hugo se hacía notar en cada uno de los entrenamientos. «¡Sele, Sele!», gritaba desde afuera ante la inicial mirada indiferente del plantel. Y aunque solitario en un comienzo, tan ferviente e insistente fue que al cabo de los días, de a poco, la sustancia apasionada y desinteresada de Hugo generó el contagio colectivo. Las prácticas ya no eran solamente conos y pelotas, se forjó un destino en común: Rengo quería el título y el sincero frenesí de Hugo lo recordó. Del insípido ambiente inicial a la dulce efervescencia popular.

Hugo, ese personaje advertido como diferente, especial tal vez por viajar en una frecuencia distinta, con menos aptitudes para las matemáticas y el castellano, también con menos aptitudes para ser villano. «El enfermito», lo llamaban algunos, pero un enfermo brutalmente alegre y despreocupado de las idioteces que nos delatan arrogantemente estúpidos. Su felicidad contaminó la escena y paulatinamente se transformó en la mayor celebridad del evento, del pueblo y en la pieza clave del conjunto. A cada uno de los partidos, Hugo llegaba equipado, estoperoles incluidos, bandera en mano y con un viejo estéreo al hombro que emitía ritmos de música tropical. Mientras el equipo entrenaba, Hugo afuera vitoreaba, bailaba y los autos tocaban sus bocinas, las bicicletas sus campanillas y los peatones raspaban un rato la garganta.

Rápidamente hizo migas con los jugadores, quienes en un principio solo ironizaban sobre él, pero con los días se enternecieron frente a la inocencia de aquel hincha. Y a partir de ahí ya no soltaron más la convicción de desatarse, de divertirse con la pelota en el pasto. Hugo les evocó los orígenes, la causa…; en definitiva, les volvió a llenar el espíritu.

Pero en la final, increíblemente, Hugo no está. El nerviosismo comienza a enquistarse. Siempre llega dos horas previas al juego y emprende rumbo al estadio con el equipo en el bus, avivando la cueca. Y, una vez en la cancha, Hugo dirige la barra y llena de adrenalina el espacio… Pero de Hugo, nada, no hay rastros ni señales…

La verdad pronto se expande y Rengo completo comienza a sentir que la copa se les escapa. ¡Hay que buscar a Hugo! Así, de hecho, se lo pide expresamente el capitán del equipo a Gerardo Silva, quien al ver la honestidad del nervio, permite un retraso de treinta minutos en la salida para encontrar a Hugo. Parte el capitán, el alcalde y la mitad de Rengo. El hincha incondicional se ha vuelto la cábala sagrada y, si hay un universo cabalero, ese es el fútbol. No amaga ni filtra pases, ni pone guapeza en el medio, pero su presencia es más que eso: es trascendencia de la alegría. El fútbol tiene significado por la temperatura del cuerpo mientras se juega, pero quien relata ese significado es aquel que lo interpreta desde afuera, o sea, el hincha.

El auto con el megáfono buscando a Hugo, los pacos buscando a Hugo, los amantes llenos de tierra buscando a Hugo, los cabros chicos buscando a Hugo, la vieja cuica buscando a Hugo… ¡¡El alcalde por primera vez en su vida trotando buscando a Hugo!! De pronto, entremedio de una turba animosa y embriagada de fanatismo, viene Hugo. «¡Apareció! ¡Apareció!», se escucha al unísono. Y ahí iba Hugo, con las manos arriba, coloreando la tribu. Por supuesto, no es que hubiese olvidado el partido, ¡imposible!, simplemente se topó con un núcleo de la barra comunal y, como alma de la fiesta, cual estrella de rock, comandó el hueveo previo; lo estaba pasando bien, calmando su propia ansiedad previo a la final. ¡La pieza clave! Cuando el alcalde lo divisó, fue tras él y lo abrazó lleno de regocijo, como si al frente tuviera un millón de votos. Solo era Hugo, pero vaya cómo valía tenerlo. Una vez ubicado, inmediatamente fue llevado al bus del equipo. Rengo respiraba.

Mágicamente, al verlo llegar, el equipo recobró sus bríos y el juramento del título se reforzó en clave divina. Lo mismo hizo el estadio cuando ingresó: las seis mil personas que llenaban a tablero vuelto el municipal, se pusieron de pie y en conjunto estremecieron los tablones bajo la arenga de batalla renguina: «¡Sele, Sele!... ¡SELECCIÓN DE RENGOOO!». Luego, esta vez solo Hugo rompió sus cuerdas: «¡Sele, Sele!», para de inmediato recibir el estruendo de vuelta de los seis mil asistentes que inclinaban el camino de las áreas e impactaban definitivamente el impulso del camarín local.

Gerardo Silva ya está listo, da la charla y el equipo sale a matar. El siempre poderoso representante de Valparaíso no logra hacer nada frente al destello de actitud de un equipo que impone sus términos, aunque principalmente su alegría, esa que proviene de Hugo, con su inocencia, con su extinto temor, con esa insolente felicidad de divertirse viviendo. El partido termina 4-1, con vuelta olímpica de carnaval. Hugo va adelante, revoloteando con el plantel y cientos de hinchas, con la copa en las manos. Gerardo Silva finalmente consigue su primer título: el torneo nacional de selecciones del fútbol amateur. Cojea y mira a su mujer, sabiendo que todo está empezando.

Pasaron los años y Gerardo sigue siendo técnico, así pudo educar a sus tres hijos y ya dirigió en primera (O'Higgins). Hugo sigue siendo un tipo feliz y vive como símbolo de celebridad; mal que mal, fue el hincha que alguna vez revolucionó Rengo.

Semana de la rebelión

Un lunes cualquiera, en pleno recreo, estábamos jugando a la pelota como siempre. Allí, en la misma cancha donde más de diez pichangas diferentes se realizaban; era una selva, el arte de los instintos, un caos precioso. De pronto, un balón de cuero hiperinflado salió desde el empeine de un robusto y poco técnico jugador de cuarto medio. El esférico cruzó el entorno de manera asesina, frenando los amagues de la multitud, salvo el del Flaco Riquelme que recibió el pelotazo en la sien: a piso de una. La carcajada colectiva fue instantánea. ¡Y cómo cayó el Flaco! Se desvaneció sin resistencia, succionado por la gravedad, con los ojos en blanco. Una imagen inolvidable, maravillosa.

Justo, en ese mismo instante, iba pasando don Ricardo, el reciente rector del colegio, quien hasta ahí gozaba de amplia popularidad; básicamente porque se le veía poco y durante los meses que llevaba en el cargo se mostraba como un tipo sonriente, conciliador y de bajo perfil. No obstante, ocultaba una personalidad diferente: en un arrebato de poder inmediato y agresivo, frunció el ceño, se mostró sin calle y estrujó el arrebato suspendiendo el fútbol en los recreos. Así, tal cual, sin matices. Y no solo eso: dejó terminantemente prohibido el uso de balones de cuero para las clases de educación física. ¡Absurdo! ¡Ridículo! ¡Canalla!

La determinación causó conmoción: ¡¿qué chucha vamos a hacer ahora sin fútbol?!

No hubo otra alternativa: la manifestación. Afortunadamente, no hubo moderadores y, para gracia popular, fue absolutamente masiva. El rector se había metido en medio del juego, en medio de las clases, en medio del colegio. Y sin conocerle demasiado. Peor aún, limitando nuestra libertad. ¡La pelota era la esencia del colegio!

Al cabo del mismo día ya no hubo banco en la sala que no tuviera una «generosa» dedicatoria para don Ricardo. Y a la vieja y reiterada consigna reivindicativa de «Pelo largo», ahora se sumaba «Que vuelva el fútbol». En los recreos ya no se jugaba a la pelota, pero se marchaba. Se formaron comisiones, grupos negociadores y otros voluntarios espontáneamente «terroristas»; el Flaco Riquelme, que se sentía culpable, era el cabecilla del terror. Se hicieron bombas de humo, constantes ruidos molestos e incluso se secuestró en la sala de un tercero medio a un niño de segundo básico. Se había instalado la rebelión.

Con los días, las peticiones fueron aumentando: más computadores, más libros, una trepa nueva, la renovación de la sala de ciencias y la contratación permanente de la profesora asistente de castellano —una veinteañera que nos tenía a todos con el corazón roto.

Estudiar y aprender era una cosa; vivir, respirar, ser joven, pegarse y reírse, otra. El ahora bautizado «Guatón de Mierda», no lo entendía así. Fueron días de unión, también de renovación: ya no éramos simples alumnos, nos habíamos configurado como personas. Además estábamos unidos y eso nos daba fuerzas.

La tercera y cuarta hora del miércoles nos negamos a entrar a clases. Eso fue espeso. Querían obligarnos a través de la única amenaza con la que contaban: la expulsión. Algo absurdo porque éramos todos. Y todos entendían que no había que dejarse pasar a llevar, no ser serviles, reforzar la identidad y combatir por lo que creíamos. El jueves llegaron las guitarras, los basureros se transformaron en bombos y dale carnaval. Incluso el cura Washington, un sacerdote de galería y garabato, nos bendijo. La rebelión se había vuelto divina.

El viernes, finalmente, llegó la paz. Luego de varias reuniones, mediaciones y otro secuestro, la medida se ablandó y algunas de las peticiones se cumplieron. Volvió el fútbol, claro que sin balones de cuero (prohibición que nunca se respetó), llegaron más libros, se renovó la sala de ciencias, se cambió la trepa. Lamentablemente, la profesora asistente de castellano se marchó a fines de ese año.

Don Ricardo nunca más volvió a ser don Ricardo: de ahí en adelante quedó como el Guatón de Mierda. Y lo más importante para nosotros: nuestro recreo volvió a ser nuestro.

Miércoles nuevamente

Sus hijos ya no están en la esquina de la plaza jugando a la pelota, tampoco su hija camina como chica mala por los pasajes de la villa. Los años pasaron, poco a poco fueron desapareciendo las tardes en que los cuatro se reunían alrededor de la mesa a comer pan con mantequilla frente a una televisión, cuando las risas terminaban en discusiones. El mayor se enamoró y se fue de la casa; el del medio eligió el arte y vaga sin apuro buscando un sentido de belleza; la menor salió independiente y se fue prontamente del refugio familiar, con un ojo en las mesas del bar, el otro en los libros de biología. La señora quedó sola, con el eco de sus pasos y las nostalgias que atrae el silencio.

Observa de vez en cuando el álbum de fotos familiares, sonríe mientras contiene la pena; ve a sus niños ahí, tan pequeños, frágiles y apegados a su cuerpo, nada que ver con el presente, cuando apenas si la llaman, con voz apurada y sin preguntas. Hay un par de fotos de Miguel, ese viejo y único amor real, que simplemente se fue, de un día para otro. Le sigue pareciendo atractivo, a pesar de la rabia con que lo mira, y le crece un ahogo de angustia cuando luego pasa por un espejo y ve que su rostro ya no es el de antes. Ha encontrado algunos motivos para sentir que el día vale la pena, a través de los tejidos que le han dado el alimento, también junto a un grupo de amigas con las que una vez a la semana aprende pasos de tango en el gimnasio a la vuelta. A veces sale a caminar, sola, imaginando otro destino, esperando un poco de compañía. En alguna ocasión su vecina Olga camina con ella y juntas confiesan sus deseos, pero quedan ahí, en secreto. De noche una película, generalmente romántica. Cada día es parecido, como una rutina, hilando para vida ajena, atada en los mismos recuerdos.

Una noche de miércoles, tras el último baile, se le acerca don Pedro, uno de los pocos tangueros varones que aparecen por el gimnasio. La invita a conversar un rato, algo que hace tanto no le pasa que se siente acorralada, y se niega a dar el paseo por apuro de los nervios. Sin embargo, regresa a su cama con una sonrisa.

Al día siguiente, pensó en el hombre; no bailaba demasiado bien, ni tampoco era James Dean, pero conoce su paradero, no le debe nada a nadie y los comentarios sobre él siempre han sido favorables. Don Pedro tiene un almacén, dos hijos y es viudo desde hace algunos años. Ya no le queda mucho pelo, pero sí gracia, y se desenvuelve seguro, agradecido de la vida, sin temor a perder.

Lo analiza una vez más en su cabeza y ya le parece un poco más buenmozo. Incluso se acuerda de Miguel cuando decía que don Pedro tenía «un aire» a Sandrino Castec, una vieja gloria de Universidad de Chile, cuando los azules marcaban el paso y ser héroe se trataba de identidad más que de llenarse de copas; ella de fútbol poquito, aunque por supuesto algo retiene entre tanta polvareda pelotera que se cuela entre los barrios y comentarios… Y se le viene a la mente la chilena que hizo Castec en Mendoza jugando a principios de los ochenta frente a la albiceleste campeona del mundo; siente un temblor extraño, casi olvidado.

De pronto, el día ya no es parecido, enciende la radio, tararea una canción del Pollo Fuentes, hila lo que le gusta…, liberada en el hoy y la incógnita del mañana. Se mira en el espejo, sin ánimo de cuestionarse, más bien repasando lo necesario, empolvando sus mejillas, coloreándose los labios. Siente un poco de timidez, pero ya quiere que sea miércoles nuevamente; esta vez le gustaría volver comiéndose un algodón de azúcar, y acompañada.

Torneo de los Recreos

Para todos los que han entrado a una cancha.
Y a mis queridos amigos del IV° B

11.15 de la mañana. Suena el timbre y el colegio completo se vuelca hacia una de las canchas interiores que dan forma al patio. Cientos de personas; alumnos, profesores, auxiliares, gente de paso. Y allí adentro, por los siguientes quince minutos, seis por lado y el comienzo de la adrenalina, de un mundo aparte, del fútbol. También de esta historia, aunque la verdad, todo parte mucho antes.

Aparecí a los cinco años, de la mano de mi vieja y bien arregladito. Por supuesto, lo primero que busqué no fue ni la biblioteca ni la sala de ciencias, sino, evidentemente, la cancha de fútbol. Y ahí jugué, me agarré a combos y fui creciendo.

La primera vez que miré uno de esos partidos de recreo terminé alucinando. No se trataba solo de dos equipos intentando ganar, se trataba de dos cursos exigiéndose respeto. Respeto alrededor de la pelota, con el amague, los empujones y el aliento de los de afuera. Quería crecer rápido, dale, vamos, crece, crece... Y no porque quisiese aprender a leer, multiplicar o tener una polola; no, era algo mucho más importante:

era pararme en esa cancha y demostrar que las piernas no me temblaban. Y ya desde ese primer momento, desde esa primera pichanga al sonido del timbre, imaginaba las jugadas, la forma en que celebraría el gol y el aplauso entremedio de tanta corbata. Porque regresabas a la sala y, previo paso por ese territorio infernal llamado «baño de hombres», te sentabas y el partido visto se comentaba. Y el que la rompía, la rompía, sin dobleces ni envidias amariconadas. El fútbol expuesto en lengua sincera.

Los años pasaron, aprendí a leer, a multiplicar y a sacarme rojos en arte. También, cómo no, deseosamente aprendí a pararme en ese recreo, a «estadio lleno», y meter goles.

Las alumnas también iban a mirar. En tercero medio sentí cómo una de cuarto no me sacaba los ojos de encima. El problema: era la hija del profesor de historia. ¡Qué cruel destino! Con todo, el problema lo solucionó una noche, con esas primeras cervezas a escondidas… ¡Pero qué besos!… Bendito fútbol…

A mi curso yo lo llamaba «Chile en el mundo»: no destacábamos en nada importante y todo lo hacíamos a medias. Tampoco teníamos un espíritu demasiado fraternal, nos dividíamos entre: «Los sin futuro»: el equipo de fútbol en plenitud más los secuaces; «Los de allá»: jóvenes que se sentaban adelante y jugaban cartas Magic; y «Las chiquillas»: nenas con las que solo teníamos en común compartir una sala de clases. Sí, definitivamente no era el curso más integrado. Sin embargo, había un gran detalle que nos unía: el odio por el curso de al lado, el «A».

En la vida uno necesita odiar algo; créanlo: es sano, alivia, despeja. Y el curso de al lado se ganaba el sentimiento de manera espontánea. Amigos del morral, pateros con los profes, sin humor negro, y donde el liderazgo era compartido por una crespa madura siempre bajo el pulso luminoso de lo correcto, y un tipo de promedio 6.9, acólito, scout y, para peor, techno electrónico. Sí, dos pasteles llenos de azúcar. Y todos eran amigos, y se abrazaban, y no se enojaban cuando discutían. ¡Eran todos iguales! Para colmo, poco tiempo antes nos habían derrotado en las urnas cuando buscábamos hacernos del centro de alumnos. El único instante de poder que brinda el colegio arrebatado por una campaña en que primó la simpatía. ¡Revancha! ¡Necesitábamos revancha!

Y la posibilidad de tomarla se daría en el gran y único escenario: el Torneo de los Recreos. Cara a cara, en la semifinal, ellos y nosotros, colegio completo mirando. Nuestro curso, como nunca, a pleno, cómplices, con bombo y challas.

En mi rol de capitán me lancé con un discurso breve pero al caño: «Piensen en todos esos abrazos melosos que se dan; en la forma irritante, de pololos hermanos, en la que se hablan; en la risita afectiva cuando discuten… Y en todos esos años en que han dicho, caraderrajamente, que son mejores que nosotros. ¡¡Vamos, salgamos y goleemos a estos conchasdesumadres!!».

Cinco minutos y ya perdíamos 0-2. Mi discurso no funcionó. Salimos demasiado acelerados y no hilvanábamos nada. Nuestra área, además, estaba un poco mojada, resbalándonos, confundidos, sin hacer pie. No conseguíamos calmarnos y el tiempo avanzaba demasiado rápido. Se escuchó desde su barra un par de «oles», pero como nunca la nuestra apañaba y soltaba gritos de la guata, con fuerza, y eso no se olvida.

Nos puteamos, como se putea adentro de una cancha, como se putea a un amigo cuando hay que despertarlo: fuerte y a la vena. Las violentas palabras nos tranquilizaron. Arica en el arco comenzó a ordenar, gritándole a Padilla y a Mujica, el par defensivo que encontró aplomó y disminuyó el pelotazo;

Pancho, el flaco gambetero, de a poco tomó el enlace; Huevo, bajito pero apasionado, molestaba arriba y ladraba a una defensa engreída; y yo, en la polvorita, exigiendo la pelota, reclamando el pase, tragándomela y jugando al héroe. ¡Es que no podíamos perder! Y los minutos, los breves quince minutos, eran cada más breves.

Iban ocho minutos, o algo así. Desde afuera se sentía un ambiente comprometido: la barra de ellos, la barra nuestra, el resto del colegio. Ya no nos llegaban pero nosotros tampoco llegábamos. Controlábamos un poco mejor que al principio el balón; sin embargo, el daño en arco rival era escaso. Había que patear... ¡Hay que patear! ¡Hay que patear! Recuerdo haber escuchado: «Meléndez, queda tiempo, calma». Lo decía un alumno de un curso menor. Voltee y le contesté: «No, no queda tiempo». El fútbol en esa explosión finita, arrastrando la ansiedad, el delirio y el coraje. Levanté mis brazos y reclamé el pelotazo desde el fondo. Arica la tenía en sus manos y, encrispado, solté «¡dale, hueón, dale!». Y desde allá vino un saque alto con la mano: la vi venir, la vi caer y sin pensarlo peiné un cabezazo desesperado: la pelota se fue a una esquina, dio un bote y se mimó en la malla. Descontábamos. ¡Se podía, claro que se podía!

El gol definitivamente nos puso en marcha y a ellos les cambió el semblante. Les respirábamos en la oreja, con hambre.

Inmediatamente, a la jugada siguiente, una combinación con Pancho produjo un rebote y un tiro de esquina a favor. Pancho fue rápido, tomó la pelota, la puso en la línea y miró al área. Yo le gritaba: «¡Acá, hueón, acá!». No sé si estaba solo o no, quería patear, empatarlo, pero no me hizo un puto caso y lo mandó al área, al lugar donde puso la vista: Mujica entró por el medio y de voleo interno puso el empate. Espectacular.

Épico. Se sentía el ambiente, el eco de las palabras confundidas y vibrantes. Nuestro equipo, a diferencia de la sensación del entorno, ya no tenía confusión.

Tras el empate ya no había cómo detenernos, estábamos absolutamente encendidos; tocando, pegando y cerrándoles la boca, esa que mientras estuvieron 2-0 mantuvieron siempre abierta.

Faltaba poco y Arica despejó bien alto; salté, la gané por arriba y enseguida metí el pase a un costado; apareció Pancho y desbordó unos metros, luego sacó el centro; ahí se coló Huevo, que no había hecho nada, pero qué importa si iba de 9 y estuvo cuando había que estar: se barrió sin dudarlo y entremedio de todos se anticipó y la metió adentro. ¡¡¡¡GOOOOOOOOOOOOL!!!! Inolvidable, nunca olvido al Huevo sin esa polera. No quedaba nada y lo habíamos dado vuelta.

Pero ya lo dije: éramos «Chile en el mundo».

Segundos antes de que el timbre sonara indicando el término del partido, en la última jugada, ellos tenían un lateral, pero la pelota estaba en mis pies: metiendo la maña, la mandé bien lejos, haciendo tiempo y esperando que sonara el final del partido. El árbitro, el profesor de historia, me expulsó. Reclamé un par de segundos, quemé lo que más pude. Al salir de la cancha detecté, con culpa premeditada, el error: quedó una marca libre y fue justo esa marca quien pateó con desesperación a nuestra portería: Arica, no en su versión más feliz, perdió con Newton y su volada no duró medio segundo, ni medio metro. 3-3. No se podía creer, y yo no sabía dónde enterrarme. Timbre y final.

¡Habíamos estado ahí! ¡A nada! No sabía qué decir, pero no había espacio para decir nada: tocaban penales.

La expectación, espeluznante. Ya nadie estaba fuera de la cancha, todo el colegio estaba adentro, rodeando los remates. Yo no quería mirar y me alejé un poco. El resto, equipo y curso, abrazados; no en la melosa, en la apasionada, en la definitiva. Y el fútbol, entremedio, recorriendo nuestra sangre.

Arica era alto y tapaba el arco, había fe. Tres penales para cada equipo.

La cara de todos era de mucho nervio. La final, que se tomaba una hora completa de clases, y que desde los cinco años, día a día, habíamos querido jugar, se encontraba al frente, al borde, a seis penales.

¿Cara? ¿Ellos? Ok. Primer penal era del «A». De pronto, el silencio. Arica se movía, hacía show. El delantero de ellos tomó carrera y sin freno cruzó el derechazo: a lo Caszely, igualito, lo erraba. ¡Vamos! ¡Vamos! ¡Vamos! Cuando lo importante está cerca, el corazón más se agita y a mí se me estaba saliendo. Turno nuestro y Pancho no dudó; fuerte al arco con los ojos cerrados: gol. En la misma celebración, sin darme cuenta, ya había llegado el empate de ellos. Todo era así, furtivo y frenético. Mujica, más bien tosco, con el corazón, la puso a un costado. Y ya quedaba solo uno. ¡Dale, Arica, tapa y acaba con esto! No obstante, ellos volverían a empatar. Último penal. La tomó Padilla, un defensa solvente y pie plano que ahora tenía la final en su derecha. Carrera larga, larga, bien larga, o quizás no. Lo que sí recuerdo bien es que su tranco no llevaba ritmo ni estética, pero sí ojos entintados en fuego. Aceleró, qué chucha, ¡¡y adentro!! Un puntete glorioso que dejó sin posibilidad de reacción al arquero. ¡Qué momento! ¡Qué recuerdo! ¡Qué eterno! Los treinta y cinco chilenos en el mundo del IVº B nos abalanzamos arriba suyo al siguiente segundo, en el mejor montoncito que hubo, que habrá, que viviré. Vaya euforia, ¡y a la final!, dejando en el camino al archirrival, en nuestra propia final.

Luego de la mejor y más nostálgica ducha helada, al volver a la sala, esta nos sacudió con un caluroso y efusivo aplauso. El fútbol puso las cosas en orden y ganamos lo que teníamos que ganar; revancha consumada en terreno sagrado.

Al día de hoy, cuando ya tocamos los treinta años, cada vez que nos vemos o conversamos, ese partido sale al ruedo, reviviendo las jugadas, los goles, y el odio. Aún siento mi rostro con la sonrisa estirada, caminando por ese pasillo, mirando la cancha una vez que el juego acabó. Y aún queda la alegría de ese día, timbre al timbre, cuando no nos temblaron las piernas... en el Torneo de los Recreos.

La pichanga del Guatón Nelson

Tengo un amigo que se llama Nelson, aunque le decimos el Guatón Nelson, básicamente porque es gordo. Un personaje. Su mayor virtud es tomar chela, lejos. No conozco a un hueón más seco para tomar cerveza. Dice que le gusta el fútbol, pero la verdad es que siempre he sentido que es más bien una excusa pa empinar el codo. Aunque conceptos tiene, y no come vidrio con eso del fútbol ofensivo: para él nada es más precioso que un 4-4-2 arropadito. Sí, es un desengañado de la vida, de esos que no creen en el 10 clásico y desconfía del valor de lo cualitativo. Pero no siempre fue así, todo cambió el día en que lo patearon, hace cinco años. Incluso antes leía cuentos y novelas, ahora en cambio lee *El Mercurio*. Su vida se ha ido a la mierda. Aunque a veces le vuelve el alma al cuerpo, se suelta, relata anécdotas y se caga de la risa. Todo depende de cómo lo pillen los recuerdos. Igualmente su historia tiene épica, y así fue todo:

—Nelson, tenemos que terminar —fueron las concisas y directas palabras de quien hasta ahí era su gran amor y la única polola que ha tenido en la vida.

El rostro sereno de la muchacha no dejaba margen para la acción; la sutil pero efectiva distancia de un cuello erguido y la mirada decidida planteaban el fatal abismo. No quedaba espacio para un contragolpe, definitivamente, el Guatón Nelson estaba «off side». Con voz tranquila, sin cambiar la tonalidad ni hacer mayores énfasis, la morena continuó e hizo un repaso a los múltiples argumentos que tenía para echar mano; cada uno cierto, cuál de todos peor. Cerró con el último detalle que colmó su paciencia: dos días atrás, nuestro héroe había sido detenido en la vía pública por estar meando en la calle en evidente estado de ebriedad. La vieja excusa «es que no comí na», ya no funcionaba. Él la observó detenida y apasionadamente, pareciéndole imponente, adulta, más rica incluso que con tres piscolas en el cuerpo; la miraba y ya no veía a una chiquilla, estaba frente a una verdadera mujer. Aguantó el llanto por resistencia cultural a lo que llamamos masculinidad, pidió la cuenta al comprender que cualquier defensa suya se vería como una estúpida negación y bajo la vieja promesa de un «me la voy a jugar», se marchó, aferrado a la siempre vigente idea de que el tiempo lo cura todo.

Pasarían las semanas, pero el plan de reconquista quedó en nada. Ella, a modo de terapia, se inscribió en un gimnasio: bajaría algunos kilos y pronto encontraría a otro galán. Para el dolor de todos nosotros, mucho más mino que el Guatón Nelson. No pasó mucho para que la chiquilla explotara su amor por las redes sociales, mostrando toda su felicidad, devastando al pobre gordo, a quien ni siquiera tuvo la delicadeza de eliminar. No nos quedó otra que hacer la investigación pertinente para ver cómo cresta generar alguna posibilidad de competencia, o al menos algo que lo demostrara como un hueón más bacán y llenar el vacío de nuestro amigo con algo de alivio. Sin embargo, el hijo de puta era exitoso y popular. Además iba a museos, tocaba guitarra, ponía bien todos los puntos y las comas. El Guatón Nelson estaba hasta el pico.

Una tarde nos llamó por teléfono Ricardo, un amigo en común, quien tiene el sello incalculable de haber ido a ese programa de televisión llamado Cachureos cuando tenía siete años y ser devorado por el Tiburón. Y se lo tragó enterito, mientras Ricardo lloraba y aleteaba las piernas. ¡Fue maravilloso! Sí, efectivamente, Ricardo es una de las personas en Chile a quien se lo comió el Tiburón de Cachureos. Después de eso, siempre pasan situaciones extrañas alrededor suyo, y esta vez no sería la excepción. El llamado fue para invitarnos a una pichanga esa misma noche. Fuimos. Al llegar a la pequeña cancha de baby, la escena no pudo ser más cruel: estaba la ex del Guatón Nelson con el hijo de puta. Las malditas coincidencias. Jugaríamos contra su equipo.

Nunca vi al Guatón tan concentrado como en ese partido. Y no es que él creyera que a partir de ese juego se iba a definir el amor de la muchacha, nunca tan película gringa, nunca tan ahueonado, pero se trataba de orgullo, de honor. El pinturita podía ser el típico chabón que en este siglo saca las ventajas del aprecio femenino gastando humo con sus fotos estilizadas, de seudoarte y comentarios sensibleros y frutales. El conchasumadre era un experto en llamar la atención. Y si no era así, esa era nuestra convicción y nos dio fuego. Entramos a la cancha con odio. Yo no tenía nada que ver, pero como buen amigo, me sumé al sentir.

Jugamos un partidazo, les dimos boleta. ¡El Guatón Nelson incluso le mandó un hoyito al pelmazo! Y se escuchó el olé desde el infierno. Sí, jugamos por todos los caídos en desgracia del mundo. Toques, cambios de frente, patadas a las canillas sin asco. El bonito era puras zapatillas, además quejón y bueno para la chuchada cuando no se la pasaban. Pero el carerraja no tenía gambeta, ni control, y le pegaba a la pelota con el diario. ¡El Guatón Nelson parecía Ronaldo al lado suyo! Puta que fue bonito. Y ella vio todo eso. Y el Guatón Nelson se fue realizado, más feliz que la chucha. Casi en camilla, porque corrió como nunca, con la camiseta noblemente empapada.

A veces cuando está algo borracho, cuenta esta historia; de ese día en que el fútbol le dio una pequeña revancha, y jugó a lo Ronaldo, en su propia pichanga.

Rosa

Muchas veces le dijeron: que por qué el fútbol, que mira tus piernas, que no es de niña, que no hay dinero, que quizás tampoco eres tan buena. Esto último, lejos, lo más ofensivo para ella; porque si de algo sentía confianza, amor y orgullo, era de su habilidad con la pelota. Sí, en algunas ocasiones se lo habían dicho, sin embargo, hasta ahí nunca se lo había cuestionado seriamente. Y aún con la resignación de la inminente decisión sueña con cruzar el charco junto al balón y conquistar Europa, aunque parezca tarde; también una cita con Pirlo, ¿por qué no?; o una nube voladora, por volar, sentir el aire y llegar a la hora, alguna vez, a cualquier parte. Es que así es Rosa, una soñadora sin polvo de maquillaje. Y a sus veintiún años ha vivido cada uno de esos días transpirando aquella ilusión que tan singularmente a ella perfuma.

¿De verdad dejará el fútbol? ¡Con todo lo que le ha costado! De los regaños familiares a una cruel pero al menos libre indiferencia. De esa pelota pinchada que cayó en casa, tirando la muñeca al suelo, haciendo eco de su cuerpo y símbolo de su destino. De todos esos recreos en que sus compañeras iban ceremonialmente al baño y ella, en cambio, jugaba a la pelota junto al resto de moquillentos que apenas le daban pases —¡y tan buena que era!—; aun así nunca dejó de ir a jugar, hasta que los pases los terminó dando ella. Voluntariosa como pocas en la fiel pertenencia de la redonda. Ama el fútbol, desde todos los ángulos: verlo, hablarlo, coleccionarlo, jugarlo, incansablemente respirarlo.

La banca, ¡esa maldita banca! Ya tres años mirando desde afuera, con la zurda en pausa, entrando de a ratitos, en un papel secundario. Tal vez porque no es la más puntual, pero cómo podría, si apenas llega a tiempo desde el trabajo. A lo mejor porque no es del gusto del entrenador; no obstante, él se lo niega y le pide paciencia. ¡Pero ya son tres años! ¿Será eso de que realmente no es tan buena? Rosa, por primera vez, siente cierta la duda, y la está matando. ¿Y probar en otro equipo? No, ya no más: está cansada, apresada en un pozo. Esa tarde lo comunicaría.

Alta, de ojos pardos envolventes, cabello castaño, piel té con leche. Su figura atractiva no pasa desapercibida en el café donde trabaja. Además, la fama de futbolista desemboca en pláticas cotidianas con los clientes habituales, sobre todo los hombres, quienes definitivamente la adoran. En un principio con recelo curioso, presuntuosamente condescendientes, mas la joven jugadora en breves segundos apasionados y elocuentes conquista la admiración del más escéptico. «¿Viste el partido del Colo, Rosita?», y ella, sin medias tintas, de haberlo visto —lo que es absolutamente probable— distribuye sin titubeos el análisis; «¡Qué golazo de Alexis!», pueden decirle, e inmediatamente, bandeja en mano, simula el movimiento del gol; «¿Y cómo van en el campeonato?», suelen preguntarle, y agradecida por el interés, cuenta al detalle la tabla, el *fixture* y los sentimientos del equipo. Pero cuando las preguntas surcan el sustrato personal, al día de hoy, la incomodidad y el rubor aplastan su confianza. El no poder relatar algo mejor que un entrenamiento definitivamente ya comienza a torturarla. Se trata de una vergüenza creciente e indomable. No, ya no quiere otro lunes de «¿entraste a jugar el fin de semana, Rosita?», y ella, encogiéndose de hombros, contestando.

La jornada laboral fue más silenciosa que de costumbre. Deja las comandas, cambia monedas por billetes y toma el bolso; su viejo y querido bolso. Ahí están sus zapatos gastados, el colet morado de siempre y esa camiseta estancada. Se despide ausente y camina tragada por recuerdos que avivan la nostalgia. Y también llena de esas ilusiones que definitivamente ahora se van a cerrar. Mientras se dirige al club, se aleja de ese estadio lleno que jamás coreó su nombre. Ya lo sabe, dirá adiós, sin preámbulo. Ni llorará. Se marchará, apagará su celular y se perderá por la noche; quizás hacia algún bar o un cine vacío.

—¡Rosa! ¡Rosa! —le grita al verla la Flaca Escobar. —La Flaca corre hacia ella y con los ojos bien abiertos le dice en tono acelerado—. La Maca González se lesionó jugando por su universidad.

Inmediatamente comprende el significado de esas palabras: la Maca González, «La Diabla», como la apodan, una de las mejores gamberteras del fútbol femenino chileno, favorita del técnico, capitana del equipo, quien da entrevistas en radio y televisión, esa canalla que luce varios pares de esos zapatos fluorescentes que Rosa tanto tanto quiere… La Diabla, el gran obstáculo en la carrera de Rosa, al fin quedaba fuera. Primera lesión en estos tres años. La emoción corría incontrolable por su cuerpo, pero simulando indiferencia, preguntó:

—¿Y es grave?

La respuesta fue crema con chocolate.

—Mínimo tres meses fuera. —Y la Flaca agregó—: Hueona, esta es tu oportunidad.

¡Sí, sí, sí! ¡Claro que es! Quiere correr, quiere saltar, quiere bailar, mientras en sus pensamientos el único verso que trabaja repite «conchesumadre, conchesumadre, conchesumadre». El corazón está a punto de explotarle. Aunque ella lo oculta seriamente, ni sonríe ni muestra expectativas. Se le ve calmada. «Dale, tranquila; una dama», piensa y avanza. Ya no hay vuelta atrás: el fútbol, su amado fútbol, le entrega vida, verdadera vida, su vida... y la posibilidad de una revancha.

Rosa tiene toque y elegancia, pero carece de marca. Esa falta de compromiso colectivo siempre ha sido su punto débil. Así lo cree su técnico, quien se lo ha repetido en muchas ocasiones. Pero ella siente el juego a su ritmo; sabe que no necesita tanto esfuerzo físico para cambiar el momento de un partido. Zurda y precisa, Rosa es capaz de dejar a cualquiera sola frente al arco. Y una vez que agarra vuelo, la lleva atada, encarándolas a todas. Ella ve la cancha, el panorama y los espacios como parte de un dibujo que nace de su pierna. Y aunque sí, es cierto, el brillo individual reluce en su búsqueda, diez segundos inspirados suyos evolucionan la estética de un encuentro. Es Rosa, la misma que escribe y anota ideas de juego; la misma que dibuja esquemas en cualquier servilleta.

Don Pedro, el gran Pedro Ugalde, multicampeón como técnico del fútbol femenino nacional, no necesita decírselo, simplemente le pasa el peto amarillo; el peto de las titulares. ¡Y en qué momento! Con la temporada apenas empezando... ¡Sí! ¡Sí! ¡Sí!

Durante la semana se le vio pletórica, exultante, radiante. En el café volaba, bromeaba, reía. Y en las prácticas no cerró los ojos, abrió los oídos, dejó la lengua seca. El encuentro lo imaginó cientos de veces, miles de veces. De noche, al acostarse, pensó si avisar a alguien de su familia. Quería hacerlo, por supuesto que sí, pero al mismo tiempo no quería volver a sentir esa frecuente y probable apatía cada vez que comentaba algo de su fútbol. No, mejor no lo haría, debía estar clara, clarita, sin nervios adicionales. ¿Y a Raúl? No, de él ya meses que no sabía nada. Antes de dormir revisó jugadas de Marta, Marozsán y discursos del profe Bielsa, su héroe personal.

A medida que el domingo se acercaba, la ansiedad era inevitable. Y esa mañana, al subir a la micro, lloró un poco. Emoción, agobio, presión, alegría. Un poco de todo. Entrené bien, entrené bien, se repetía para adentro. Su rostro ya no reía, se veía más tieso. Era su debut como titular, algo normal, pensaba ella. Sin embargo, cada segundo que pasa es peor. La charla previa apenas la oye, y en el rondo se siente torpe, imprecisa. La pequeña galería que rodea el campo de juego se comienza a llenar: ¡ya, Rosa, mierda!

Treinta y cinco minutos y su participación ha sido escasa. El trámite le resulta esquivo, los movimientos de sus compañeras no fluyen con los suyos y desde el banco la severa mirada de Ugalde quien, moviendo la cabeza, desaprueba el desempeño de la volante. «¡Ayuda, Rosa, ayuda!», le pide la aceituna Meneses. Rosa corre para atrás, lucha el balón sin lograr recuperarlo. Está incomoda, definitivamente está incomoda, y de a poco le entra la desesperación. Se siente apurada, observada, juzgada. No es su primer partido ni mucho menos, pero sabe que el de ahora tiene un valor subrayado. Hasta que desde afuera llegaría el detonante: ahí está Arturo Molina, el técnico de Chile. Y a su lado, La Diabla, mirando atenta. ¡Sí, es ahora! Las dudas se disipan, entra la pica. La aceituna Meneses una vez más le grita que marque, pero esta vez ya no hace caso. Suficiente. Es momento de rebelarse. Quiere contestarle algo a la Aceituna, un «haz tu pega y no hueís» o «que me viene a gritar esta conchasumadre a mí», pero se muerde los labios, no por recato, más bien para concentrarse. Mira el arco contrario, ya sabe qué debe hacer.

El balón viene alto, reventado desde el fondo sin dirección; Rosa, intuitiva, corre por él; lo deja manso en el suelo con la derecha —se escucha un «¡ooooohhhh!»—; amaga hacia afuera con la siniestra y comienza a avanzar; pasa una, otra, la tercera y desde veinticinco metros saca el escopetazo con el empeine: golazo. «¿Y esa quién es?», le pregunta Arturo Molina a La Diabla, quien demora unos segundos en responder. Sí, es Rosa, la futbolista, la que nunca debe dejar de jugar.

El partido terminó 2-0, el segundo gol tras otra obra maestra de Rosa, esta vez filtrando un pase perfecto. A los setenta y cinco minutos fue reemplazada, exhausta y fuertemente aplaudida. Ugalde le dio una palmada en el hombro, reconociendo el desempeño de la nueva estrella. Su cuerpo temblaba, mientras murmuraba apasionada: «¡Lo hice! ¡Lo hice!».

En la micro de vuelta jugó con la selección, invitó a comer a Pirlo y lo único que deseaba era que el lunes en el café alguien le preguntara: «¿Y, Rosita, qué tal estuvo el domingo?». ¡Qué lindo era vivir! ¡Qué lindo que es el fútbol! ¡Qué linda se te ve contenta, Rosa!

El Guatón Nelson vuelve a las canchas

El Guatón Nelson, a pesar de la coraza indiferente con la que se presenta ante la vida, es un tipo romántico. Sí, es cierto que desde hace algunos años vive a partir del desengaño, recelando de la felicidad ajena, desconfiando de la honestidad del futuro, vigilando los excesos de buen rollo, abrazando el odio como causa de sonrisa. Se sabe, él no era de esa manera, pero la pérdida de su único amor juvenil redefinió su actitud frente al día a día. Y la sigue extrañando, aunque el martes pasado con malicia me contó que vio una foto de ella y la encontró «media echaíta a perder». Se quiere hacer el duro el Guatón, pero al menos el discurso ya viene con menos baba.

Hace poco más de dos años, durante una álgida reunión de trabajo, el Guatón Nelson refutaba delante de todos a su jefe en una sola palabra: ¡¡Andatealachuchaconchatumadre!! Se vivían tiempos de estrés en la oficina y el empleado Nelson González explotaba y relucía de esa manera la angustia del ambiente y el laberinto de una crisis económica internacional. Al día siguiente, sin mayor ceremonia, nuestro héroe era despedido. Nelson, un ciudadano sin grandes ahorros, más bien sumamente endeudado y adicto al huevo, se quedaba sin una fuente de ingresos regular. A la casa de mis viejos no vuelvo nicagando, señaló a viva voz esa misma noche tras varias cervezas antidolor. Dos semanas después, el Guatón Nelson volvía a la misma pieza de toda su vida.

La mamá del Guatón Nelson, la señora Consuelo, estaba encantada de tener nuevamente a su retoño en casa, como si aquello fuese un preciado paréntesis dentro de párrafos lánguidos y rutinarios. Nelson padre, por el contrario, no concebía que su único hijo a la primera de cambio regresara al nido. «Eris muy penca, hueón», fueron las tiernas palabras que lo recogieron a la entrada de la puerta. Con todo, ambos compartían dos sentimientos inalienables a su personalidad: la chela y el fútbol. Y justo tocó, durante esa época, el Mundial de Brasil: harta chela, caleta de fútbol y Chile en cancha. Parecía ser un buen momento para limar asperezas, hacer migas, revertir el silencio.

Sin embargo, Nelson padre es un lírico, un nostálgico del «buen juego», no así el hijo, que es pragmático, no se derrite por el verso y su discusión empieza y acaba con el resultado. Sin onda, con sensación intrusa, el Guatón miraba el Mundial a tres metros de su progenitor. «¿Y estái buscando pega?», preguntaba con ánimo inquisitivo el señor González diariamente. «Sí», mentía en modo minimalista el pobre gordo, mientras por dentro reflexionaba con sabiduría, *¿Cómo chucha voy a buscar pega durante el Mundial?* «¡¡Deja al niño tranquilo!», lo defendía su madre.

Los días mantenían la rutina: partidos, cervezas y silencios. Hasta que hubo un encuentro de ese Mundial que lo cambió todo: Nigeria-Irán. El agravio visual durante el juego mutó el contexto, y un cero a cero ignominioso, destartalado, lampiño, mantequilla sin sal, unió las chuchadas. Al fin, padre e hijo se entendían. Terminaron de ver el suplicio y, con el alma agotada, en un inusual cambio de miradas, terminarían yendo un bar, a terminar una conversación que jamás había empezado.

Después de tres horas, veinte salud y pésimos consejos mutuos, la distancia entre ellos se había disipado. Por supuesto se conversó de fútbol, repasando el triunfo de Chile en el Maracaná frente a España, describiendo el espacio de tiempo entre Vargas y el grito de gol, y de ese himno acojonante que movió el planeta. Y claro, también se habló de más cosas. Nelson padre dinamitó la catarsis del paso del tiempo, aludiendo que le quedaban 3 o 4 mundiales y no mucho más. El guatón, que todavía recordaba con rencor esas tardes colegiales cuando su viejo pasaba por la cancha y desde afuera gritoneaba cada una de sus intervenciones, ahora lo medía con nostalgia. Y él, en ese espacio de sinceridad que se había armado tras un partido de mierda, sinceraba su corazón, confesando que no había puto día en que no se acordara de ella.

La tregua duraría hasta el palo de Pinilla y esos fatídicos penales de octavos de final ante Brasil. El Guatón Nelson, que hasta ahí los partidos de la Roja los veía con sus amigos, esta vez se quedó con su viejo, alimentando este renacer de confianza. No obstante, a Nelson padre se le fue a la mierda el lirismo y, en un acto pueril y temperamental, lo responsabilizó del desenlace acusándolo de yeta. Desde ahí la relación nuevamente se enfriaría.

Después de algunos meses, el Guatón encontró pega, marchándose una vez más de la casa de sus padres. En el velador tenía tres fotos: una suya, una de ella y otra de esa loca noche, a punta de italianos y schops, junto a su viejo. Tenía, porque ahora son dos; ella ya no está. Y al gordo, hace unos días, se le vio caminando cerca de la plaza, amagando un trote: el Guatón Nelson está listo para volver a las canchas.

Agradecimientos

Quisiera agradecer a todos quienes directa e indirectamente han marcado la posibilidad de que este libro haya sido una realidad. A mi primera pelota, que no tengo idea cuál fue, y a todas las que vinieron, que fueron muchas. A mi tío Manuel, que fue el primero en llevarme al estadio. A mi viejo, que no pudo ver esto, pero que en sus últimos días aseguró que lo de escribir se me daba. A mi mamá, una mujer con mucha paciencia y la única que nunca me ha dado la espalda. A mis hermanos y amigos, estos últimos los pilares cuando nada de esto ocurría más que en tibios sueños que algunas veces mencionaba. A todos los goles que he hecho y he desperdiciado. A los besos y sinsabores que una vida activa necesita. Al mar de Algarrobo que me ha tenido de huésped durante todo este tiempo. A mi editor, Gonzalo, que confió en mí. Por supuesto, a todos y a cada uno de los lectores diarios de Barrio Bravo, que estimularon este proyecto y han hecho el mejor aguante que nunca creí tener. A los libros que he leído. Y, obviamente, al fútbol, mi eterna pasión infantil.

Índice

PRÓLOGO 7

PRIMERA PARTE

El jugador que no quiso dejar de serlo 11
El milagro de Estambul 17
El primer ídolo 23
El último mito de George Best 27
La cita que Bielsa le pagó al Loco Carlos 33
La primera Copa Libertadores de Pelé 39
La última noche de pasión de Garrincha 43
Nos vemos en la cancha 47
¡¡ROOONAAAALDO!! 49
Un romántico 55

SEGUNDA PARTE

La culebra del Lucho Fuentes 63
La estatura de Elías 69
La pasión de Iona 75

Cuando el Superman Vargas le tapó el penal a Chilavert .. 83

Maldito Valdano 89

El Matador 95

Una historia sin flash 101

El grito de Bielsa 109

El himno de Chile en el Maracaná 115

Crónica de una final enorme 125

TERCERA PARTE

Una historia de fútbol 137

El Quisco 143

La gran Carepato 149

Raúl 153

La señora Mireya 163

La mina del paradero 165

El gol del Huaso 169

El hincha que revolucionó Rengo 173

Semana de la rebelión 179

Miércoles nuevamente 183

Torneo de los Recreos 187

La pichanga del Guatón Nelson 195

Rosa 199

El Guatón Nelson vuelve a las canchas 205

AGRADECIMIENTOS 209